在日朝鮮人はなぜ帰国したのか

在日と北朝鮮50年

監修◎小此木政夫
編◎東北アジア問題研究所

現代人文社

在日朝鮮人はなぜ帰国したのか

在日と北朝鮮50年

はじめに

近年、にわかに顕在化した北朝鮮（朝鮮民主主義人民共和国）による拉致問題は在日朝鮮・韓国人社会に大きな衝撃と波紋を呼び起こした。それは北朝鮮が同族の国家であり、拉致が同じ民族による行為であるというだけの理由によるものではない。真の理由は次の二つのことと関連している。

一つは、在日朝鮮人は戦後長い間、在日本朝鮮人総連合会（以下、朝鮮総連）の指導のもとに北朝鮮を朝鮮民族の「正統」として、その体制を政治的にも物質的にも一貫して全力で支えてきたことである。もう一つは、在日朝鮮人はもはや日本に深く定着していて、日本国および日本社会からの共感抜きに存在しえないという現状認識にある。これは在日朝鮮人自らが誰よりもよく自覚しているところである。

拉致問題は、右に述べた正統性と在日の現状認識の間に、あたかも隕石のごとく落下してきた。

拉致問題は、立場によってさまざまな意味をもっている。拉致された本人と家族にとっては、北朝鮮から家族全員が日本へ無事に帰ってくることが不可欠であろう。一方日本国家と国民にとっては、拉致の真相がより明らかにされ、ほかにも存在しうるであろう拉致された人々のことが解決され、しかも日本国民に対する侵犯が再び発生しないよう法的措置が講じられなければなるまい。在日にとっても北朝鮮と日本との関係が正常化され、日本国民と在日との共感帯が新たに構築されるべきだと思う。

しかし、在日にとって拉致問題のもつ本当の意味はそれにとどまるものではない。これは在日朝鮮人の戦後の歴史そのものの意味が問われる問題を含んでおり、この問題をうやむやにしていては、在日朝鮮人は自らの精神的アイデンティティーを損ない、それこそ祖国や自民族の文化から孤立した難民として、やがて消滅することさえ危惧される。

一方、この理不尽な拉致問題は、政治的にはとくに戦前戦後において形成されてきた朝鮮と日本との敵対関係を背景にもっている。

これまで当研究所では、冷戦が終わろうとしているにもかかわらず「今なお深い精神的分裂をかかえて混迷を深めている東北アジアの現実を直視し」（一九九五年学術会議趣意書）、一九九〇年一〇月、第一回東北アジア問題学術会議を大阪でもち（『東北アジアの新しい秩序について』Ⅰ朝鮮統一、Ⅱ在日朝鮮人、Ⅲ自然環境、晩聲社）、一九九五年一〇月に東京で第二回学術会議をもった（『東北アジアの動向と日本外交』悠々社）。これら第一回、第二回の学術会議に共通していることは、東北アジアの政治的現状を憂慮し、その精神的和解の道を模索したことである。同時に在日問題が朝鮮や日本国との関係で律せられてきたことから、在日問題を国際関係の視点からみることに留意した。

本書はそれとは対照的に、在日問題を通して両国の国際関係や、さらに進んで北朝鮮の国家政策やその思想を見直すことにした。つまり前の二回は在日のおかれた国際環境から在日を見てきたのに対して、本書は在日を通して国際環境や本国を見直すことを試みたのである。このように在日をして受動から能動へと視点を変化させた直接的契機は、拉致問題にほかならない。

本書では在日朝鮮人の新たな二一世紀を築くにあたって、まず戦後半世紀あまりにわたった歴史を、象徴的な事件または事業を通して内在的に、しかもそこに登場した主人公たちの立場に立って見直したいと思い、阪神教育闘争と帰国事業を取り上げた。

阪神教育闘争は、第二次世界大戦後、植民地奴隷状態から解放された在日朝鮮人による、自己の民族の文化的アイデンティティーの回復をめざした独自的運動であった。帰国事業は、在日朝鮮人が日本での生活苦と民族差別から解放されるため、そして子どもたちの未来のための選択であった。

在日朝鮮人の戦後半世紀の歴史は、この帰国事業が分岐点になる。それまでの在日の歴史は在日自身の自発的自由意志によるものであった。しかしそれ以降の歴史は、朝鮮労働党の政策と直接的指導によるものであるといっても過言ではない。北朝鮮は約一〇万人が帰国した時点で帰国者を厳しい監視下において、約束された生活苦からの解放と子どもたちの未来を封じてしまった。

さらに北朝鮮はこの一〇万人の帰国同胞を「人質」として、在日そのものを思想的に統制し支配する政策をとってきた。その先兵となったのが「学習組（朝鮮総連の中核組織）」であるが、やがて在日は朝鮮労働党によって身動きがとれないほど取り込まれたのである。

そのため、本書では帰国事業を推進した北朝鮮の歴史的環境と全体主義的手法の検討を続いて試みている。さらに帰国者の地位保全と在日の自立的主体性の回復をめざし、改めて在日朝鮮人がどのような経緯で北朝鮮の「全体主義的」体制を支えることになったのか、またその精神的意識はどういうものであるのかを検討してみた。

最後に、本国との関係において在日の未来に新しい展望を開くのに資するため、再び国際的視点から朝鮮問題の国際的性格と課題を取り上げた。

戦後の北朝鮮は、一九四五年に植民地から解放された感激のなかで、武力一辺倒の社会主義革命思想を唯一の時代精神と固く信じ、朝鮮総連下の在日もまた全力でそれを支えてきた。まさに在日の戦後史とその思想としての全体主義的歴史認識は、大きくは全朝鮮民族に共通したものを含んでいる。このことへの在日自らの見直しと反省は、とりもなおさず全朝鮮民族、そして北朝鮮そのものの思想的見直しに直結する問題でもある。

哲学者梅原猛氏は人間を「見られている存在」と規定している。在日は戦後、日本を「見ながら」自己を形成してきた一面をもっている。しかし拉致事件は逆に、北朝鮮や在日を日本の人々から「見られている存在」に変えたのである。

この本が日本のみなさんには朝鮮や在日を、そして在日のみなさんには日本をどのように見てきたのか、そして双方がそれぞれ、相手との関係で自らをどのように認識してきたのかについて、ともに考える契機となれば幸いである。

集団社会の未来は、その社会の過去と現在についての理性的な反省なしに展望しえないと思う。この本をお読みになられるみなさまからの忌憚のないご批判を願うものである。

二〇〇三年一〇月一二日

金定三

在日朝鮮人はなぜ帰国したのか
――在日と北朝鮮50年――

目次

Ⅳ　歴史認識　161

在日朝鮮人の歴史認識を見直す　162

金定三（東北アジア問題研究所理事長）

はじめに／拉致事件が教えているもの
「被害者」と「朝・日相克」の歴史認識
「主体思想」の歴史認識／二つの歴史認識の相関関係
主体思想的歴史認識と在日との関係／中間者意識
中間者の限界／在日の歴史認識の社会的背景
日本文化の重層的性格／歴史認識がこじれる理由
在日の新しい歴史認識に向けて
二一世紀における在日の存在理由

※本書引用文中および転載記事中には、今日からみると差別的表現ないしは差別的表現ととられかねない箇所があります。しかし、時代的背景という事情もあり、表現の削除・変更は行わず、原本通りの表記といたしました。読者諸賢のご理解をお願いいたします。

（編集部）

Ⅰ 「帰国事業」の前夜

阪神教育闘争と吹田事件
第二次大戦後の在日朝鮮人

西村秀樹

対日占領政策

在日朝鮮人の戦後史を考えるうえで、節目となる事件がいくつかある。

そのなかで、在日朝鮮人の法的地位をめぐっては、サンフランシスコ講和条約発効（一九五二年）にともなう在日朝鮮人からの日本国籍の剥奪、また、日韓条約締結（一九六五年）によって日本が大韓民国（韓国）を朝鮮における唯一の合法政権と認めたことも大きな節目となった（註一）。

しかし、記者として在日朝鮮人を長く取材していると、記録に残るというより、記憶に残る事件がある。

阪神教育闘争と吹田事件である。この二つの事件は、第二次大戦後の日本政府による在日朝鮮人政策を調査する場合、象徴的な事件である。ポイントは二つある。一つは、アメリカの日本占領政策が大きな影を落としている点と、もう一つは、日本国内にとどまらず、東アジア全般を視野に入れて考える必要性がある点である。

阪神教育闘争の前史を振り返る。

日本が朝鮮の植民地支配をはじめた一九一〇年の翌年末、在日朝鮮人はわずかに二五〇〇人であった。やがて土地収奪政策、国家総動員法（一九三八年）、国民徴用令（一九三九年）による朝鮮人の強制連行（約一五〇万人）の結果、日本がアジア・太平洋戦争に敗れた一九四五年の時点で、二五〇万人を数えた。

日本の敗戦は、朝鮮人にとって解放であった。当時、多くの日本人はこのことを意識しなかった。このことが、第二次大戦後の日本の在日朝鮮人政策に影響を及ぼした。

戦勝国による日本占領政策の主な目的は、日本が二度とアメリカの脅威とならないようにするための、非軍事化と民主化であった。政策は、形式的にはポツダム宣言に基づき、アメリカ・イギリス・中華民国・ソ連を含む一一カ国で構成する極東委員会が決めるという建て前であった。しかし、事実上はアメリカが単独で占領政策を決めた。

占領政策は、二段階で進んだ。はじめ、連合国最高司令官総司令部（ＧＨＱ）は財閥解体、農地改革、労働運動の推奨など民主化政策を実施、日本国憲法の制定（一九四六年）を進めた。またこの時期、たとえば在日朝鮮人が権利擁護をかかげデモ行進を実施すると、アメリカ軍兵士が日本の右翼への警備にあたるなど、在日朝鮮人とGHQは蜜月関係にあった。

しかし、やがてアメリカは対日占領政策を変更した。冷戦が激化したためである。一九四七年三月、アメリカのトルーマン大統領はトルーマン・ドクトリンを発表し、ソ連とアメリカの二大超大国の対立は、アジアに波及した。

東アジアでは、朝鮮半島の南北対立が決定的になり、一九四八年、大韓民国と朝鮮民主主義人民共和国（北朝鮮）がそれぞれ建国を宣言した。中国では国民党と中国共産党の内戦の結果、中国共産党が勝ち、一九四九年には中華人民共和国が建国された。

こうした東西冷戦が進行するなかで、一九四八年一〇月、アメリカは国家安全保障会議（NSC）を開催し、対日占領政策の変更を決めたのである。

対日占領政策の変更によって民主化が推進されなくなり、在日朝鮮人は大きな影響を受けた。

在日朝鮮人にとって、一番の懸案事項は、民族学校の問題であった。一九四八年四月に起きた阪神教育闘争は、在日朝鮮人にとってこの時期の象徴的な出来事であった。

戦前、日本は植民地朝鮮で「皇民化政策」を推進し、母国語を奪い姓名を日本式に改めるように迫るなど、朝鮮の民族性を否定した。敗戦後、在日朝鮮人は否定や差別された民族性を再び取り戻すため、子どもたちの教育に力を注いだ。民族学校では奪われた母国語、民族の文化と歴史を教えた。敗戦から二年目（一九四七年一〇月）の段階で五七八校、生徒数六万人を超すまで発展した。

ところが、在日朝鮮人の間では、社会主義を支持する人が多数派を形成していた（註二）。民族学校の授業内容に対し、GHQの民間情報教育局は共産主義の台頭を阻止する目的で、民族学校の弾圧に乗り出したのである。

一九四七年一〇月、GHQは、朝鮮人学校で朝鮮語の授業を原則的には認めないとの方針を打ち出した。それを受け、翌年一月、文部省は、在日朝鮮人の子どもたちが、日本の公立学校に進学するか、あるいは民族学校をつくる場合は日本の法律（学校教育法）に基づき知事の認可が必要だと主張した。早い話、学校教育法により知事の認可がなければ学校と認めないという。

これに対して、在日本朝鮮人連盟（朝連）は在日本朝鮮人教育対策委員会を結成し、対策を練った。委員会は妥協策として、①教育用語は朝鮮語、②教科書は委員会が作成しGHQの検閲を受けること、③学校の経営管理は学校別の管理組合が行うことなど、少し譲歩した案を提出した。しかし、文部省はこうした譲歩案を無視、四月一〇日、最終通告を出した。朝鮮人学校の閉鎖命令である。

こうして、GHQと朝鮮人の間で緊張と対立が高まっていった。

占領下に唯一出された非常事態宣言

緊張が頂点に達したのが四月二三日から二六日の、いわゆる阪神教育闘争である。この推移を見てみよう。

私は、大阪市立中央図書館に足を運んだ。ここには、事件当時の新聞記事がマイクロフィルムで保存されている。

兵庫県下では、四月一四日、朝鮮人の代表七〇人余りが県庁を訪れ、知事との面会を要求した。しかし面会は実現せず、その夜、朝鮮人の代表は県庁舎に泊まり込んだ。翌一五日、知事が初めて面会に応じたが知事はわずか五分で退席、抗議のため居座った朝鮮人七三人が不退去容疑で逮捕されるという事態が起きた。このように、朝鮮人学校の存続をめぐって緊張が高まるなか、ついに、二三日、警察は朝鮮人学校四校のうち、三校の閉鎖令を実行した。しかし、西神戸の朝鮮人学校では反対運動によって閉鎖は阻止された。

四月二四日、GHQは占領下でただ一回の非常事態を宣言した。朝日新聞大阪本社は翌二五日付けで号外を出した。「神戸など非常事態宣言」と大見出しがあり、「朝鮮人学校閉鎖問題に発端」と脇見出しがつく。敗戦直後は紙不足で、新聞は裏表二ページだけだった。その後少しずつ改善されたとはいえ、事件当時は通常見開きの四ページで発行されていた。それだけに今回がいかに大事件であったか、想像がつく。

四月二四日の事態をもう少し詳しく見てみる。

兵庫県庁の知事室では県知事や、神戸市と兵庫県の行政、司法の幹部一〇人余りが前日二三日からの事態の対策を協議していた。議題は、前日閉鎖できなかった西神戸の朝鮮人学校の閉鎖問題だった。

こうした折、朝鮮人側と行政側の間でパイプ役を務めていた堀川一知・神戸市議（日本共産党員）が、知事室を訪れた。知事は多忙を理由に面会せず、堀川市議は廊下にいた朝鮮人から求められ「いま知事は知事室にいる」と答えた。それをきっかけに朝鮮人たちは知事室に押しかけた。知事と副知事らはいったんバリケードを築いたが、朝鮮人たちはバリケードを押し破って室内に入った。午前一〇時、知事室は占拠された状態となった。

午前一一時半になり、応援の朝鮮人の数は二〇〇人にのぼった。周囲を警官隊が取り囲むなか、知事室では朝鮮人側と学校閉鎖令をめぐって談判が始まった。

このとき、興味深いエピソードが残っている。

アメリカ軍政部からMP（軍事警察、つまり憲兵）三人が知事らの救出に現れ、拳銃を朝鮮人に突きつけた。そのとき、金昌植（キムチャンシク）という朝鮮人男性が胸をはだけて立ちはだかり、「撃つなら撃てっ！」と対峙した。若い女性も続いた。MPはその威勢に押され、すごすごと帰っていったという。それほど朝鮮人の抵抗の意志は強かったことを物語る。

万事休すと判断した知事らは、交渉に応じた。午後五時になって、知事は閉鎖令の撤回などの条件をのんだ。こうした成果を手に、朝鮮人は引き上げた。

しかし今度は、アメリカ軍政部が反撃に出た。二四日夜一〇時になって、アメリカ軍神戸基地司令官メノア代将は、県知事、神戸地検の検事正、兵庫県警の警察長、神戸市警の警察局長ら幹部を招集し、午後一一時、兵庫県下に「非常事態（戒厳令）」を宣言したのである。警察は、アメリカ軍の憲兵司令官の指揮下に入った。また、アメリカ軍政部は閉鎖撤回の覚書は無効だと主張、民族学校を閉鎖すると発表した（神戸事件）。

二六日、朝鮮人の抵抗は神戸にとどまらず、大阪にも波及した（大阪事件）。大阪府庁前の大手前公園で約三万人の朝鮮人が集会を開き、このあと、代表四人が大阪府知事と面会、「閉鎖命令の撤回」を求め交渉した。ところがこのさなか、約三〇〇〇人の警察官がデモ隊を取り囲むなかで、悲劇は起きた。

激昂したデモ参加者の一部が警察官に向け投石、これに警察官は消防車からの放水で対抗した。こうした騒動のなか、さらに警察官が拳銃を発射、弾がデモに参加していた一六歳の金太一（キムテイル）少年の頭に当たり、金少年は死亡したのである。

この事件の陰には、もう一人犠牲者がいた。

朴柱範（パクチュボム）という。神戸事件の当事者、朝連の兵庫県本部の委員長である。朴委員長は神戸事件で逮捕され、有罪判決により神戸大久保刑務所の病舎に収容されたあと、法務当局がもう余命いくばくもないと判断したのか、翌四九年一一月二五日に仮釈放された。しかし、それからわずか四時間後に死亡した。事実上の獄死である。朴委員長の葬儀は英雄葬として営まれ、参列者は一万人を超した。

こうした激烈な闘いを受け、在日本朝鮮人教育対策委員会代表と文部大臣の間で話し合いが一〇日間にわたって続けられた結果、五月五日になって妥協が成立した。

覚書の内容は、

一、朝鮮人の教育に関しては、教育基本法、学校教育法に従う、

二、朝鮮人学校問題については、私立学校としての自主性の認められる範囲内において朝鮮人独自の教育を行うことを前提として私立学校としての認可を申請する、

というものだった。

朝鮮人学校を合法的に存続させるため、「教育基本法などに従う」という妥協をした反面、自主的な民族教育の存続を明文化させたという意味で、闘いの大きな成果だと、在日朝鮮人の教育関係者は総括している。

阪神教育闘争の意義

闘争は大きな成果を上げたとはいえ、アメリカ軍の司法措置は厳しかった。

神戸事件では、警察は「朝鮮人狩り」に乗り出し、二七日までに一六六四人のデモ参加者

（うち日本人七四人）を逮捕した。

この被逮捕者の国籍を見れば、闘いの主体が誰であったか、よくわかる。と同時に、日朝連帯闘争だったこともよくわかる。

アメリカ軍は主だった被逮捕者を軍事裁判Ａ級にかけ、五人に重労働一五年、一人に同一二年、もう一人に同一〇年の刑を言い渡した。

また、大阪事件では、軍事裁判にかけられ、全逓大阪地協の村上弘会長（のちに日本共産党所属の衆議院議員）に重労働五年、日本人八人に同三年、朝鮮人五人に同二年などの判決が言い渡された。このうち、朝鮮人には刑期満了後、韓国への強制送還が併科された。


阪神教育闘争の意義を考えてみたい。そもそも在日朝鮮人が民族学校をつくった原因は、日本が朝鮮で「皇民化政策」を推し進め、民族性を否定したためである。だからこそ敗戦後、在日朝鮮人は民族性の復権をめざしたのである。ところが、戦後の日本が再び民族学校を弾圧したということは、戦前の皇民化政策を根っから反省していないことを示している。

二〇〇三年三月、日本政府は国立大学への入学資格をインターナショナルスクール一六校に限って認める一方で、民族学校（南北朝鮮、中国、インドネシア系など）には認めない決定をいったん下した。このことについて日本弁護士連合会は、一九九八年に日本政府に対し「重大な人権侵害である、速やかに解消させるべきである」との勧告書を提出しているし、国連も民族差別であると指摘している(註三)。二一世紀になったいまでも続いている日本政府による朝鮮人への露骨な民族差別は、阪神教育闘争が過去の事件ではないことを示している。

済州島四・三蜂起と在日朝鮮人

続いて、この時期のもう一つの象徴的な事件が、吹田事件である。その前にちょっと脇道にそれ、済州島の四・三蜂起に触れる。

在日朝鮮人の戦後史でベースとなる大きな事件で、阪神教育闘争とほぼ同じ時期に起きた。

日本の敗戦直後、三八度線以北の朝鮮(北朝鮮)に進駐したソ連に対抗して、あわてて南朝鮮に進駐したアメリカは、南朝鮮で単独選挙をして親米政権を樹立する方針を打ち出した。これに対して、単独選挙を強行すれば南北の民族分断が固定化されるからと、多くの反対運動が起きた。とくに、一九四八年四月三日、済州島では南朝鮮労働党に指導された人民遊撃隊が蜂起し、竹槍、手榴弾などわずかな武器で武装して警察署を襲撃し、一時は島内のほとんどを掌握した。その結果、五月一〇日、南朝鮮の全土で単独選挙が実施されたが、済州島だけは阻止された(済州島のみ翌年五月一〇日に選挙を実施した)。

しかし、蜂起鎮圧のため、国防警備隊やテロ団が送り込まれると、人民遊撃隊は済州島最高峰の火山・漢拏山（ハルラ）を根拠地にパルチザン闘争を展開した。国防警備隊員らは集落ごとに焼き払いパルチザンの家族を虐殺したが、一方、パルチザンも反撃した。こうした内戦状態の結果、当時の人口三〇万人弱の小さな島で、多数の島民が殺された。

わたしは済州島蜂起五〇年にあたる一九九八年、現地でのシムポジウムに参加し、島民が立て籠もった、火山の溶岩トンネルに入った経験があるが、風穴と呼ばれる洞穴の壁から、島民の怨嗟の声がいまにも聞こえてきそうであった。

韓国政府は事件から五五年になる二〇〇三年四月に、初めての政府報告書を発表した。この報告書によれば、死亡者の数は、およそ三万人。済州島四・三蜂起が鎮圧されるさなか、日本に難を逃れた済州島民も少なくなかった。

朝鮮戦争勃発

済州島蜂起の二年後、一九五〇年六月二五日、朝鮮戦争が勃発した。これにより、東アジアの国際情勢は一変した。

現在では、朝鮮戦争を起こしたのが北朝鮮側であったことは、一九九〇年代にソ連共産党が韓国政府に提供した秘密資料で明らかになっている。金日成（キムイルソン）首相が、ソ連のスターリンと中国の毛沢東の承認下、人民軍に三八度線の南下を指示したのである。

しかし朝鮮戦争が勃発した当時、在日朝鮮人の多くは「アメリカが戦争を始めた」との北朝鮮の宣伝を信じた。それには、韓国の李承晩（イスンマン）大統領が一貫して軍事による南北統一を主張していたことも影響している。

日本国内には、朝鮮戦争の悲惨な様子が伝わってきた。朝鮮戦争でアメリカ軍は五五万トンの爆弾を落とした。この量はアジア・太平洋戦争で日本全土に落とした爆弾の三・五倍であり、面積あたりにすると日本の一〇倍に達する。

朝鮮戦争の結果、死者だけで南北合わせて一二六万人。また人口の五分の一にあたる約一〇〇〇万人の家族が南北に離れればなれになった。

日本政府はこの戦争でアメリカに協力した。アメリカ軍の爆撃機、戦闘機はすべて日本の基地から飛び立った。海軍の船舶も日本の基地を使用した。武器弾薬の補給、集結、生産も日本国内で行い、日本は大軍需工業基地として機能した。

関西地方だけを見ても、現在の大阪空港（伊丹空港）はアメリカ軍に接収されイタミ・エアベースとして機能し、神戸港にはアメリカ軍の兵站司令部が置かれた。日本全体がアメリカ軍の兵站基地となったのである。

神戸港にあるアメリカ軍の兵站司令部には、全国各地から貨物列車で軍需物資が輸送され、その貨物列車の多くが、東洋一の大きさの国鉄吹田操車場を通過していた。

在日朝鮮人が数多く住む、大阪・生野区の猪飼野では、金属の破片が落ちている新平野川（運河）に腰まで水につかって破片を探す朝鮮人の姿が数多く見られた。

戦争中、東洋一の兵器工場であった大阪砲兵工廠は、敗戦直前アメリカ軍の空襲で焼けたが、旧日本軍用の砲弾を製造していた枚方工廠はそのまま残った。朝鮮戦争をきっかけに、枚方工廠での武器製造を再開しようという動きが出た。

朝鮮戦争と吹田事件

こうした日本国内での朝鮮戦争協力の動きに対して、勃発二年目の一九五二年六月二五日を期して起きたのが、吹田・枚方事件である。

吹田・枚方事件について詳しく述べる。

この事件の計画段階から参加した在日朝鮮人から直接聞いたところによれば、計画は実施の半年前くらいから、スタートした。当時の新聞を紹介する。

「朝鮮動乱二周年記念日の『前夜祭』といわれた大阪府学連主催の『伊丹基地粉砕、反戦、独立の夕』は二四日午後八時四〇分から豊中市柴原の米軍刀根山（とねやま）区域に隣接する阪大北校グラウンドに北鮮［ママ］共（引用者註：北朝鮮共産党の意）、学生、自由労組など約一千名が集って開かれ、集会は気勢をあげて終わったが、夜がふけるとともにデモ隊は吹田市を中心に各所に分散出没し、出動した警察隊を悩ませた。デモ隊は阪急石橋駅に押しかけて『人民電車』を運転させて乗りこみ、吹田操車場になだれこんで、警察官から奪ったピストルを発射したり、派出所を襲って破壊したり、火炎ビンや硫酸を投げつけるなど暴行を働き、警察隊もピストルで応ずるなど双方に負傷者を出した。警察隊は虚をつかれた形で吹田市警、大阪警視庁は二五日午後二時までにデモ隊六〇名を逮捕した。負傷者は警官側が四二名（うち重傷六名）デモ隊は十一名（うち重傷六名）合計五三名を出した」（一九五二年六月二五日付朝日新聞夕刊）

つまり、学生組織の大阪府学連が主催して、大阪大学の待兼山（まちかねやま）グラウンドで集会が開かれた。参加者の人数は、新聞記事では一〇〇〇人だが、実際に参加した人たちの証言によれば、三〇〇〇人はいたという。待兼山グランドが会場に選ばれた理由は、第一にイタミ・エアベースやそれに隣接するアメリカ軍刀根山将校用住宅に近かったこと、第二に、豊中市、池田市、箕面（みのお）町（当時）などの境界が入り込み、当時の自治体警察制度の下、指揮命令系統がバラバラであった点を逆手にとって、デモが貫徹しやすいと思われたこと、などであった。

二四日夕方から集会を開いたあと、デモ隊は「人民電車コース」と「山越えコース」と呼ばれる二つのコースに分かれた。「人民電車部隊」と呼ばれる一隊は、大阪大学待兼山グラウンドから、近くの阪急電車・石橋駅に押しかけ、終電後に臨時編成の電車を大阪・梅田駅まで出すように、駅員と交渉し、結果的に、阪急側は要求をのんだ（ちなみに、阪急電鉄の社史に吹田事件の記述はない。不名誉なことだと考えているのであろう）。「人民電車」と呼ばれたこの臨時電車は、梅田方面に向かうと見せかけ、途中、服部駅で全員が下車し、デモ行進を続けた。

一方、「山越え部隊」（集会会場の待兼山が標高七六メートルで一番高い場所であったから、こう呼ばれた）は、豊中市の出発地から、現在の箕面市を経て、吹田市山田付近（当時の山田村下集落）で人民電車部隊と合流し、その後、国鉄吹田操車場に向かった。山越え部隊の歩行距離は、直線でおよそ一〇キロ。実際にはその倍の距離を徹夜で歩いた勘定になる。

検察側の起訴状によれば、デモ隊は山越え部隊が三〇〇人、人民電車部隊が五〇〇人、合わせて八〇〇人の集団（デモ参加者の証言ではもっと多かったという）で、午前五時四〇分ごろ当時の国鉄東海道線・千里丘駅にほど近い須佐之男命（すさのおのみこと）神社ではじめて警察隊一三〇人と対峙した。行き詰まる緊張の末、デモ隊の気勢に押され、警察隊はピケットラインをゆっくり開き、デモ隊は警戒線を突破した。

さらにデモ隊は進み、千里丘駅南側の竹ノ鼻ガードに差しかかった。ガードの上では、警察官がピストルを抜いて警備していた。はじめデモ隊は、武装警察官にたじろいだ。

デモ参加者から直接聞いたところによれば、「決死隊出てこい」と、決死隊を募る声がかかった。すぐには、誰も手を挙げなかったが、しばらくして、青年八人がデモ隊の一番先頭に走った。在日朝鮮統一民主戦線（民戦）の大阪・泉北支部の若者たちであった。

青年たち八人は、デモ隊の先頭二列を横四人で並んで占めた。警察官からピストルが発射されれば、命をなげうってデモ隊を守る気概であった。その気概に押されたのか、太鼓がドンドンと響くなか、デモ隊が進んでも、警察隊からは何のリアクションもなかった。デモ隊は火炎ビンやラムネ弾で警察隊を攻撃し、二度目のピケットラインを突破した。このとき、警察官三人が二週間から三週間のケガを負った。

デモ隊は、東海道線の南側をしばらく大阪駅方面に向かって進行した。デモ隊の先頭にいた在日朝鮮人の証言によれば、岸辺駅付近で線路沿いの有刺鉄線が一カ所だけ切れていたという。事前に、先発隊が工作したのである。

起訴状を引用すると、

「三、吹田操車場構内に於ける状況

一）（デモ隊は）岸辺駅西方約百八〇米附近より同駅構内に入り上下旅客線を横断し、午前六時十八分頃喚声を挙げて一挙に吹田操車場構内に侵入して（中略）約二一〇数分間に亘り同操車場構内に於て行動し午前六時四三分頃坪井ガード附近より場外に出た」。

このあと、吹田駅構内では、デモ隊を検挙しようと列車に乱入した警察官と、逃げ惑うデモ参加者や居合わせた一般の乗客の間で、混乱が起きた。デモ隊は警察官に向け火炎ビンを投げ、警察官五人がやけどを負った。

さらに、デモ参加者が乗り込んだ大阪駅にも、警察官が待ち受けていた。警察官は車両内でピストルを水平に発射、大阪大学の学生らが太ももを撃たれ、重傷を負った。

警察と検察は吹田事件が騒擾罪（そうじょうざい）（のちに騒乱罪と表記変更）にあたるとして、大量検挙に乗り出した。結局、一一一人が騒擾罪や威力業務妨害罪などの容疑で逮捕、起訴された。

検察は、冒頭陳述で次のように結論づけた。

「六、静謐（せいひん）を害した状況

約二時間半に亘って暴徒が為した波状的な暴行脅迫により、須佐之男命神社前から吹田駅構内に至る迄の間の、暴徒が通過した附近一帯に生活する住民、通行人及び吹田操車場、吹田駅構内に於ける鉄道職員、一般乗客等に生命、身体、財産に危険を感ぜしめて静謐を害したのである」

一方、吹田から北東に一五キロ離れた枚方市内でも、朝鮮戦争への反対闘争があった。

二五日午前三時前、枚方市会議員の自宅が放火された。通報で警察官がかけつけ、付近を捜索するなかでピストル二発を威嚇射撃し、容疑者一三人をその日のうちに逮捕した。

翌二六日の午後、市会議員の自宅からほど近い旧日本陸軍の枚方工廠のポンプで、警備員が不発のダイナマイト三本を発見した。

枚方工廠は、東洋一の兵器工場である大阪砲兵工廠の支所で、陸軍の大口径と中口径の砲弾の、実に七〇％以上を製造していた。アジア・太平洋戦争中、この工場へのアメリカ軍の空襲は少なく、戦後もほとんど無傷のまま残っていた。不発のダイナマイトが発見されたのは、砲身製作用の二〇〇〇トンプレス工場である。枚方工廠は、朝鮮戦争を機に、民間の小松製作所に払い下げられ、ＧＨＱと契約し、朝鮮戦争向けの弾薬を製造しようとしていた。自宅を放火された市会議員は、小松製作所の枚方誘致に尽力したため、狙われたのである。

放火事件から一週間後、大阪の守口市内でガリ版のビラが撒布された。ビラは、枚方工廠でダイナマイトが爆発したことを明らかにしていた。

大阪地検が工場を改めて検証したところ、不発弾のポンプの隣、第六三四号機ポンプがダイナマイトで爆破され、上部が腐食していることが判明した。

こうして、枚方事件の全容が明らかになった。

結局、朝鮮戦争勃発二年目を節目にした一連の闘争は、事前のビラなどで攻撃目標をイタミ・エアベースや刀根山将校用住宅としながらも、実際には、国鉄吹田操車場へのデモ行進と、同時に、旧陸軍の枚方工廠を時限発火装置つきのダイナマイトで爆破しようとした、計画的な実力闘争であった。

裁判結果

裁判の結果は、吹田事件と枚方事件で明暗を分けた。

吹田事件では画期的な判決が出た。一一年間に及ぶ長期裁判の末、大阪地裁は騒擾罪、威力妨害罪、爆発物取締罰則違反をいずれも無罪とした（一九六三年六月二二日）。ただし、デモ中の暴力行為では有罪。殺人未遂は傷害に格下げ。別件の暴力行為と脅迫は有罪。一五人だけが懲役二月から一〇月となり、うち一一人には執行猶予がついた）。二審でも、大阪高裁は騒擾罪を認めず、結局、検察側は上告を断念し、騒擾罪の無罪が確定した（一九六八年七月二五日）。

一方、枚方事件では厳しい判決が下った。枚方工廠爆破事件の七人は、懲役三年から五年の実刑判決。放火事件では四四人に執行猶予がついたものの、ほとんどは有罪で、無罪はわずか六人のみであった（一九五九年一一月）。

吹田・枚方事件の特徴は、在日朝鮮人の参加者が多かったことである。吹田事件で騒擾罪の首魁として起訴された二人のうちの一人、日本人の被告・三帰省吾が、事件が発生してから一年半、裁判の忌避を申し立て、共産党を脱党したと、宣言した。その際に、「吹田事件は、日本共産党の軍事委員会の指令で、私が総大将となり行った」と証言している。しかし、三帰の証言が示すように、計画を立てたのは日本共産党の軍事部門であったが、吹田事件のデモ隊の実に三分の二までが在日朝鮮人であったという証言を、直接、参加者から聞いた。また、枚方工廠爆破事件では、工場にダイナマイトの時限爆破装置を据え付けた実行隊長や実行犯の多くは、在日朝鮮人であった。

どうしてこれほどまでにして、在日朝鮮人は朝鮮戦争に反対したのか。

それは、ほかでもない、戦場が自らの故郷であり、日本がアメリカ軍の兵站基地になっているからであった。

朝鮮戦争の結果、日本経済は戦前の水準に戻った。

小松製作所の当時の社長、河合良成はのちにこう回顧している。

「この会社は当時資本金三千万円、現在（六四年）は一五〇億円だから、ざっと五百倍に成長したわけだな。これも全く朝鮮戦争なくしてはあり得なかったろう。あの戦争の直前は（不景気で）全くひどかった。昭和二四年の三月だったか、次から次と注文の取り消しが殺到してくるんだな。全く朝鮮戦争で日本中が救われたんだね。吉田首相は『神風』と

いったが」(『週刊文春』一九六四年八月三日号)

経済史の研究者や日本政府も、次のように総括している。

「在日アメリカ軍を主力とした国連軍が日本で調達する軍需物資とサービス、いわゆる『特需』は巨額に上り、特需ブームをもたらした。一九五一年には、鉱工業生産が戦前水準(一九三四〜三六年＝一〇〇)を越えて一一七・八の指数値を示すにいたり、実質国民総支出も戦前水準を約九％上回る規模にまで回復した」(中村隆英編『日本経済史7』〔岩波書店、一九八九年〕収録の三和良一論文)

「朝鮮特需は、日本経済の『回生薬』であった」(経済企画庁戦後経済史編纂室編著『戦後経済史』大蔵省印刷局、一九五七年)

死者だけで南北合わせて一二六万人、約一〇〇〇万人の離散家族が発生した朝鮮人の心情と、経済が回復した日本人の間の乖離は、朝鮮戦争をきっかけに拡がるばかりであった。

それでは、こうした乖離の根本原因は何であったろうか。

ボタンの掛け違いの一番目は、日本の敗戦時、朝鮮民族の代表が国際社会から認知されなかったことである。日本が朝鮮を植民地支配した三六年間に、朝鮮人独立運動家たちは亡命先の上海で大韓民国臨時政府を組織したり、日本の敗戦（朝鮮の解放）直後の一九四五年九月には共産主義者を含む民族主義者左派が朝鮮人民共和国の樹立を宣言した。しかしアメリカは、一貫して認めなかった。

二番目は、対日占領政策の立案や実施に、朝鮮民衆が直接関与できなかったことである。サンフランシスコ講和条約には、南北朝鮮は中国、台湾とともに参加できなかった。

こうしたボタンの掛け違いが、二一世紀の今日にも尾を引いているのである。

註一

より正確に記述すると、日韓基本条約第三条は以下の通り。

「大韓民国政府は、国際連合総会決議第一九五号（Ⅲ）に明らかに示されているとおりの朝鮮にある唯一の合法的な政府であることが確認される」

つまり、北朝鮮政府が三八度線以北を実効支配していることを言外に認めているともいえる。

註二

一九四九年当時、朝連傘下約四五万人。民団傘下一五万人。

註三

文部科学省は、二〇〇三年三月に発表した改定案に対しパブリックコメントを募集した。およそ一万三〇〇〇通を超す意見のうち、実に九六％が「アジア系の外国人学校卒業生にも大学入学資格を付与すべき」というものであった。

このため、文部科学省は八月六日、修正案を発表した。

外国人学校卒業生の大学入学資格についての修正案をかいつまんで説明すると、

①欧米の評価機関の認定を受けたインターナショナルスクールは、学校単位で与える。

②本国政府に認定されていることが公的に確認できる外国人学校は、学校単位で。

③朝鮮学校など、それ以外の外国人学校の卒業生は、大学が個別審査。

この修正案に対し、日本弁護士連合会（日弁連）会長が文部科学省に意見を出した。

それによると、「今回の案は、従来求められていた大学検定試験を受けなくても、大学受験資格を認める点において、一歩前進」と評価した反面、「一方で学校単位で受験資格を認め、他方で個別に資格を認定するという異なる取り扱いをすること自体に、何ら合理性を見出すことはできない」と、差別的な取り扱いを非難している。

「日本国憲法二六条、自由権規約二七条、子どもの権利条約二八、二九、三〇条、社会権規約二条、一三条、人種差別撤廃条約二条など、国際機関の『懸念と勧告』に照らし、国際的な批判に耐えられるものではない」と断じている。

そのうえで、「日弁連は文部科学省に対し、今回の案を撤回し、朝鮮学校を含む日本の学校と同程度の教育程度を有すると判断される外国人学校の卒業生すべてに大学入学資格を認める内容に改め」ることを求めている。

このほか、税制上の優遇措置（寄付金を税金から控除する優遇措置を、文部科学省は二〇〇三年四月から欧米系インターナショナルスクールには認めたが、その他の外国人学校には認めていないこと）や、国や地方公共団体による補助金問題、看護学校への入学資格など、欧米系のインターナショナルスクールとアジア系の外国人学校では、むしろ大きな格差ができたことになる。

【参考文献】

大阪府警察史編集委員会編『大阪府警察史 第3巻』一九七三年
在日本大韓民国大阪府地方本部編『民団大阪30年史』一九八〇年
4・24を記録する会編『4・24阪神教育闘争 民族教育を守った人々の記録』ブレーンセンター、一九八八年
ほるもん文化編集委員会編『ほるもん文化5 在日朝鮮人・民族教育の行方』新幹社、一九九五年
4・24阪神教育闘争 50周年記念事業実行委員会編『真の共生社会は、民族教育の保障から！』KCC会館、一九八八年
民族教育ネットワーク編『民族教育と共生社会』東方出版、一九九九年
伊東亜人・大村益夫・梶村秀樹監修『朝鮮を知る事典[新訂増補]』平凡社、二〇〇〇年
金徳龍著『朝鮮学校の戦後史1945―1972』社会評論社、二〇〇二年

在日朝鮮人はなぜ帰国したのか――一九五九年の新聞から

北鮮系44万が気勢

各地で帰還促進の決起大会

「在日朝鮮人帰国実現中央大会」は北鮮系の在日朝鮮人総連合会主催で三日、東京日比谷公会堂はじめ各地で全国六十万八千人の朝鮮人のうち北鮮系四十四万人を集めて開かれた。

大阪では同日正午から天王寺公園内音楽堂で、同連合会大阪府本部が「在日朝鮮人帰国即時実現大阪府決起大会」を開催、一万三千(朝連側発表、天王寺署調べは五千人)が集まった。"花[illegible]において" などのスローガン[illegible]、会場には朝十時ごろから参加者が続々[illegible]スなどでつめかけ、大阪朝鮮高級学校、市立西今里中学校のブラスバンドが「建設の歌」の演奏ののち愛国歌を合唱して開会。開会宣言、引揚げ受入れに関する報告ののち次のような大会宣言を決議、政府、日赤、大阪府へ伝達することになった。

①日本政府は自己の責任において帰国即時実現の措置をとれ②共和国からの帰国船を即時日本の港に入港させよ③朝鮮、日本両赤十字社会談を即時開催せよ④帰国までのいっさいの条件は日本政府が保障せよ。

読売新聞(大阪)1959年3月3日付夕刊

日韓会談打切り

韓国、強硬態度を決定

韓国紙報道

【京城十七日発=AFP】韓国の連合新聞が十七日報道したところによると、韓国政府は日韓会談再開の韓国の要求を拒否した日本の態度を不満として日本に対し強硬な態度をとることを決定した。李承晩大統領は同日金外務次官とこの問題を討議、昨年十二月以来続けられてきた日韓会談を打切ることに決定した。李大統領は北鮮に帰還する朝鮮人をのせたいかなる船舶もこれを力ずくで妨害する意向であるとも報ぜられている。帰国中の柳駐日韓国大使は十八日、会談打切りに対する最後訓令を受取ることになろうと同紙は報道している。一方、金溶植駐仏公使は更迭に決った旨発表されたが、金公使は北鮮帰還問題の交渉がジュネーブで続行中は同地に留まることになっている。

韓国、駐仏公使更迭

【京城十七日発=AP】韓国政府は十七日、丁一権(元陸軍参謀総長)トルコ公使を駐仏公使に任命したと発表した。なお金溶植駐仏公使は新たな任務につくだろうと、同発表は述べている。

朝日新聞(大阪)(時事AFP)1959年4月18日付朝刊

朝日新聞（大阪）1959年5月28日付夕刊

北鮮帰還

武力使っても阻止

韓国柳大使ら申入れ

在日韓国代表部の柳大使は二十八日午前十一時、外務省に沢田日韓会談首席代表を訪ね、約三十分間話合ったが、柳大使は「日本が北鮮帰還を実施するならば、韓国は武力をもってしても、これを阻止する。また日韓全面会談は再開できないし、日韓間の一切の会談、交渉を打切る」との申入れを行った。

また同時刻に在日韓国代表部の崔公使は外務省に板垣アジア局長を訪ね、同様の申入れを行った。

柳大使は二十七日夜、首相公邸で行われた政府、日赤の会議について質問したが、沢田代表は「赤十字国際委員会の仲介、あっせんを求める」との閣議了解の線をくずさず、そのワク内で日鮮間の話合いを進めようとの結論であった旨を説明した。

これに対して柳大使は

一、最近の日本のやり方は韓国の存在を無視し、共産国家の言いなりになっている。

一、もし共産国の言い分通りに在日朝鮮人の北鮮帰還を実施するならば、韓国としては日韓全面会談を再開することはできない。またその他の日韓間の会談、交渉（沢田代表はこの中に抑留漁夫の送還問題も含まれているものと思うといっている）をいっさい打切る。その責任は一切日本政府にある。

一、日本が北鮮帰還を強行するならば韓国は武力をもってしてもそれを阻止する。

と申入れ、これを日本政府に伝えるよう要求した。沢田代表は

日韓会談と北鮮帰還問題はまったく別個の問題である。日本は北鮮帰還問題で赤十字国際委員会の仲介、あっせんを求めているが、まだ赤十字国際委員会からこれに対する意思表示はない。従ってとくに事態は変っていないので、われわれとしては日韓会談の再開に努力したい。

と述べた。柳大使はさらに韓国側の主張を繰返して会談を終った。

代表部更迭など
韓国国会で決議を採択

【新華＝東京】十七日夜の京城放送によれば、韓国国会は十七日の本会議で次のような対日関係決議案を採択した。

一、在日居留民北鮮帰還に反対する決議案＝日本が北鮮と野合して在日居留民を共産地域へ大量に追放しようとすることは、人道主義に反し、また韓国の主権を侵害するものである。また自由世界陣営に対する敵対行為である。ゆえにこれを阻止させるためあらゆる努力をもって国際世論に訴え、また強力、適切な方法を講ずること。

二、在日居留民問題に関する政府への建議案。①在日居留民の保護指導費として二億圜（四十万ドル）を至急支出すること②在日居留民信用組合への融資を講ずること③新年度の予算編成に当り、諸援助費を大幅に増額すること。

三、在日居留民に関する施策是正を要する事項。①駐日韓国代表部の人事更迭断行②居留民団の指導育成③居留民の本国への旅行手続き簡素化④在日居留民の本国への財産持込みを講ずること⑤対日貿易においては在日居留民の生産品を優先的に許可すること。

柳大使辞表
韓国紙報道

【京城十七日発UPI＝共同】韓国駐日代表部首席柳泰夏大使は京城で本国政府当局者と協議中だが、十七日自由党（与党）系の連合新聞は柳大使が同紙記者との会見で在日朝鮮人の北鮮帰還計画を阻止することに失敗した"道義上の責任"から辞表を提出したと語ったと報じている。

なおこの報道の確認を求めたUPI通信記者に対して柳大使は明言を避けた。

【注】AP京城電によると朝鮮日報も柳大使辞職説を報じている。

朝日新聞（大阪）1959年6月18日付朝刊
「柳大使辞表」の記事は共同UPI配信

朝日新聞（大阪）1959年9月21日付朝刊

祖国への道 在日朝鮮人 ①

「在日朝鮮人は…、朝鮮へ帰りたいのならば、南へも北へも行くことができる」（日赤の帰還案内「原則」から）――その北朝鮮帰還者の登録受付が、きょう二十一日から全国の日赤窓口ではじまる。選ばれる帰還――岐路にたつ在日朝鮮人六十万の表情はなかなか複雑。新しい×祖国に希望を燃やす青年、二つの朝鮮にとまどう老人、なかには日韓会談の再開も手伝いこんどの帰還に反対する集団もある。ともあれ、長かった流転の幾年月、この帰還を前にした在日朝鮮人の哀歓はひとしお深い。それは、ある意味では送り出す日本人への別れの言葉となり、こんどの友好を深める一つの足がかりともなろう。そんな気持もこめて、これをつづってみた。

流転

安住の日は少なく… 妻子とともに生きぬく

○…鉄道があって池があった。タイコ橋がいくつも続いていた。そこが岩国の錦帯橋と知ったのは、大きくなってからのこと。池のそばの掘立小屋は、寝ていると風がすうすう吹き抜けた。父親はなにをして暮しているのかわからなかった……。朝鮮慶尚南道生れ、高松市花園町、崔[illegible]（さいりゅうこう）さん(四[illegible])の、三歳のころの思い出である。

この人生最初の記憶にまつわる淡い不安な気持ちは、その後もずっと崔さんにつきまとった。崔さんだけではない。日本に住む朝鮮人の、数奇な身の上ばなしは、多少こういった不安な気持ちにつきまとわれている。

崔[illegible]さん＝高松市花園町で

○…崔さんの父親は、一・四町歩の田畑をもつ中農だったが、明治四十三年の日韓併合後、朝鮮総督府の厳しい土地整理政策にあおられて田畑を手放したという。大正八年、二歳になったばかりの崔さんは父に連れられ、"内地"に渡った。まず山口県岩国。最初の思い出はこのころのものらしい。土方、鋳物[illegible]、カフェー経営、朝井、呉、尾道、宇野、倉敷…。父親の仕事が変るたびに、土地も変った。少年の日の崔さんは、林芙美子の「放浪記」のように、父の失敗と夜逃げの連続だ。

○…戦争が運命を大きく変えた。土建業者の、そのまた下請の土木請負師になったころ、南洋諸島行きの口がかかった。トビ職ら同胞の職方二十人を率いて、[illegible]のクレーンをすえつけた。昭十八年、呉海軍工廠から設営隊としてグアム島に送りこまれた。日本名を名乗っていても、身元調べで朝鮮人とバレてしまったのに、海軍省は簡単にOKのサインをくれた。若いと元気、そのころ、若い元気な男は、もう"地方"にいなかったのである。

○…グアム島では、部下八十人、土地の島民五百人を使い、東京と呉間に無線連絡するための設営施設取りつけ工事をやった。アメリカの反攻が始まって、[illegible]だ。米軍の上陸、設営隊もジャングルへ逃げこまれ、ミミズやカタツムリも食べた。どうにかやりくりされず、バナナをとりにでて、手投弾をくらった。右眼をやられ、両ウデに貫通銃創を受けて捕虜。ハワイに送られ、ついでサンフランシスコを振り出しに米本国の収容所を転々とした。

こうして、崔さんは敗戦の年の暮、捕虜送還第一船に乗って、氷雨の日本へ帰ってきた。やられた右眼はポッカリ空ドウのまま…。アメリカには青い義眼はあったが、黒いのはなかったのだ。

○…父親と、かわいがってくれた義理の叔父は、戦争のさなかに上海へ渡って、消息が絶えていた。風の便りで聞けば、故郷には遠い親類がいるだけ。むかしの親友を頼って高松へ渡った。

○…崔さんは、その友達のすすめで、当時の朝連の組織に入った。同胞の職業紹介所で働いているうち、駅前の旅館へ手伝いにきていた藤井マチ子さん(三二)と結婚した。二十二年、長男誕生君をはじめ、四男一女ができて、すっかり[illegible]。やがて朝鮮事変――故郷は遠くなるばかり。朝連の解散命令。神戸・大阪の朝鮮人事件。日本の講和条約。そしてその翌年のメーデー、吹田事件。騒がしい時代だった。日本と朝鮮にとって不幸な時代だった。なにか起るたびに、朝鮮人はアウト・ロウ（無法者）の扱いしか与えられない。こうして、日本が復興し安定するほど、逆に崔さんらの生活は追いつめられてきた。

大阪の[illegible]には朝鮮人がかなり働いている。その人々の顔にも崔さんに似た流転のシワがきざまれている。（大阪港で）

○…物資[illegible]りは、もうかった。クズ鉄のヨセ屋は、まあまあだった。家を処分してかかった貿易屋は、失敗に終った。昨年の秋、とうとう、月四千円の生活保護を受け、妻のマチ子さんが近所のハギレ屋でミシンを踏んでやっと暮している。崔さんは、さる三月、朝総連が参った北朝鮮への帰国計画にまっさきに署名し[illegible]まくはない。でも、このまま日本にいてどうなるのです」赤い[illegible]がただ一つ部屋の飾りになっている三畳ひと間のバラックで、崔さん一家はきょうも諺文（おんもん）の朝鮮[illegible]をむさぼり読んでは、母国の知識を吸えるのに懸命だ。

渡航史

いま、日本には約六十万人の朝鮮人がいる。日露戦争の起った明治三十七年には、日本に住んでいた朝鮮人は二百人前後だった。玄界灘をこえての移住が、本格的に始まったのは、明治四十三年の日韓併合以後のこと。五年後の大正四年には四千人、その後の十年間に三倍余りにふえ、昭和元年には十四万九千人になった。

戦前の昭和十五年に百十九万、年々六、七万人の朝鮮人が渡航してきたわけだ。終戦直前の昭和二十年には約二百万人。増加した百万人のうち、七十万人は個別渡航者と出生、残り三十万人は、大部分が鉱工業、土木事業の労務に応じたものだ。戦局の急迫化とともに昭和十九年の秋、朝鮮人にも徴用が実施された。

終戦後、昭和二十年八月から二十一年三月末で、政府の配船や個別引揚げで百四十万人が帰っていった。残留したのは二五%。戦時中に来日した労務者、軍人、軍属などは、日本になじみが少ないため、ほとんど帰ったという。現在、外人登録者六十万人の九五%までは南朝鮮出[illegible]

朝日新聞(大阪)1959年9月22日付朝刊

祖国への道 在日朝鮮人 ②

恐れる身元調べ

重労働のはてには病気

差別

○…「××局の百五十五番ですね、承知しました」

先輩の交換手が応答のプラグを引きぬくと早口に繰り返した。

「ヒャク、コジュウ、コバンですって、ああおかしい……」

隣の交換手が口をそえた。

「その人、なにをしているんでしょう」

「きまってるわ どうせクズ鉄のヨセ屋かパチンコ屋よ」

「相手のヒャクコジュウコ番さんもそんなところね」

どっと笑い声があふれた。

○…高校向け市外交換台にすわっていた鄭錦順さん(二〇)は目の前で火花がはじけ散るようだった。いっしょに笑わなきゃいけない。わたしは日本名の月川春子なんだから…でも笑えない。朝鮮人には職業が少ないからあんな商売になるんだ。わたしがその通用をみんなに説明すると朝鮮人とわかるとクビ。日本のお役所は朝鮮人を雇わないだろうから…。こんなきれぎれの思いが、すさまじい勢いで鄭さんのムネのなかを通り抜けた。

「ホラ、高校から呼んでるわよ、月川さん どうかしたの」

友達の声、ハッとしてプラグを差しこんだ。

○…結婚して九カ月余り、いまは夫の秋万載さん(二七)と京都に住んでいるが、鄭さんは四国で育った。三十年三月、新居浜西高を卒業した。その翌年、近くの大きな化学会社にポリエチレン工場ができ、現地の事務員を募集した。給料も悪くない。鄭さんはこっそり受験してみた。名前はもちろん月川春子。出生地の東中市を本籍にした。六十人の応募者が筆記試験で十六人に減った。学科試験、身体検査、面接でさらに三人にしぼられた。このなかから家庭調査の上、二人採用するという。顔見知りの審査課長が「人事課で聞いたら成績はいい方よ。絶対大丈夫」と耳打ちしてくれた。でも鄭さんは心配だった。そのころ住んでいた新居浜市旭町には朝鮮人が多く、土方やブタ飼いでやっと暮しているものもいた。家庭を調べにくればすぐ分ってしまうのだ。不安な予感は当った。近所で朝鮮人と働くなり、調査にきた社員はさっさと帰って行った。三、四日して鄭さんは"不採用"の通知を受けた。

○…その年の春、電話番号簿の整理に市役所へアルバイトに行ったのが縁になり、翌三十二年の春、臨時交換手としてある電話局に勤めることになった。アルバイトでなじみだったので戸籍抄本などは要求されなかった。一生懸命やるのでかわいがられ、何度も本採用試験を受けるようすすめられたがいつも上手に断わった。正式の職員になる前の身元調査で"それっきり"…がこわかったのである。

○…「差別はそんな言葉だけのものじゃない、はなやかな友禅染めのかげの朝鮮人の生活自体が差別そのものだよ」

鄭さんの打明け話を聞いていた夫の秋さんが口をそえる。秋さんは新選組の本営、壬生寺に近い京都市中京区壬生槙原町の京都友禅水洗工業協同組合の事務員。手工芸品としての手がき友禅が大衆化するにつれ、分業化してきた。紋型をおいて染め抜いた生地は百二十度以上の温度で蒸した上、桂川で水洗いして、余分の染料とノリを落す。友禅の工程でいちばん体力のいるこの蒸水洗いに朝鮮人が集中している。組合加入業者のうち九五%、四十九軒が朝鮮人。八百人の労働者もほとんどがそうだ。

寒風の冬より、水面からの照り返しの厳しい夏は、本当につらいという。川のなかで働くため、ゴム長グツのなかで、足はむれかえってみんな水虫。一日十時間以上もがんばり、見習いで月五、六千円、一人前の職人でやっと一万五千円見当とあって日本人には続きにくいのだ。

「蒸水洗いをやって残るのはリューマチだけ。仲間にそんな言葉があるがほんとです。父の大家も一昨年、五十七歳で死にました。結核と神経痛が持病でね。十六の時から洗い屋ひと筋でしたよ…」

花やかな友禅染めのかげにみじめな朝鮮人の歴史が——。妻の鄭錦順さんと語る秋万載さん(右)—京都壬生の友禅工場で

その"根"

日本では、むかしから、封建的な上下の身分関係はあったが対等な人間関係はきわめて成立しにくかった。この身分関係が、明治以来の富国強兵の国家意識と結びつき、弱小民族に対しての民族差別が起ってきた。朝鮮人、中国人に対する差別意識は、同時に、先進国民としての欧米人への劣等感の裏返しだ。

戦後、人権と民主主義が説かれても、日本人の胸の底では、あまりこの事情は変っていない。国内では、これは未解放部落の差別につながってくるものだ。終戦と同時に、当時の混乱のなかで、満足な保障もなく放り出された朝鮮人は、その後、日本社会の秩序の再編成とともに、就職などから締め出されてきた。

現在、都市の朝鮮人部落は、未解放部落と微妙に重なりあっているところが多い。阪神間のある未解放部落には、一四、五%まで朝鮮人が占めているという。しかも、政治の激流の手から見放されたこれら貧しい部落の実態がさらに差別を助長しているのだ。

(阪大教授・社会学 上田一雄助教授の話)

朝日新聞（大阪）1959年9月23日付朝刊

祖国への道 在日朝鮮人 ③

一番地に50世帯

バタ屋とクツの下請け

南大門

○…戦争がすむと、ここはもう三十五軒の部落にふくれ上っていた。ブタ小屋。病気がはやってブタもニワトリも死に、死体をどぶ川に捨てたあとだ。住民たちは"ブタ小屋"と呼ばれるのをきらって、部落の入口にある門に板をうちつけ「南大門」と書いた。ふるさと、京城の南のはずれには同じその名の門がある。

○…大阪市生野区杭全（くまた）町三〇八番地——たったひとつの番地なのに、そこには五十世帯ほどが折り重なるように住んでいる。クズ拾い、いわゆるバタ屋と、クツの下請けがおもな生業のすべ。バタ屋は朝四時ごろから車をおし、一日十二時間も歩き通して、二百円から三百円の収入。主婦や娘たちは、ベンゾール中毒におびえながらビニール・サンダルの底はり。下請けのその末た下請けで、一足はって七円。一日百五十円から二百円。その仕事も月のうち半分ない。これは内職ではない。男に仕事がないとき、一家を支える唯一の職業になるのである。

五十世帯の部落に、水道が二つ、便所が七つ、下水、ミゾはなく、炊事したあとの水をバケツで川へ捨てにいく人もある。水道の使用料が月一人あたり三十円、電気が五十円。それさえ払えないで三カ月もためているのが三、四軒あるという。小屋は三畳か四畳半のひと間。トタンと板切れをつなぎ合わせた屋根の下に、五人から八人が頭と足をたがいちがいにしたりして寝る。

○…金鶴述さん（五二）——済州島で家は中農だった。日本の拓殖会社がタネも肥料もくれ"綿を植えろ"とすすめてきた。できた綿は高く買ってくれた。そして村中が綿畑になった。しかし四、五年もするとメチャメチャに安い値でしか買わなくなった。あふれる農民にまじって、大正十一年、十六歳で大阪の築港にあがった。それから三十七年の物語——かいつまむと、まずラムネビン工場の雑役、日給六十銭。セルロイド工場、イモノ工場、アルミ工場——少しでも賃金の高いところをと、ろうろうしたが、いい会社には「工員募集、ただし内地人に限る」とはってあった。戦争、徴用。軍工場でプレスを使わされ、左の指四本をスパッと飛ばした。補償金三百円。家を焼かれ「南大門」にきた。戦後、クツ作りを覚えたが、三年ほど前からぱったり仕事がとだえた。大企業で既製グツを大量生産しはじめたために、手ぬいの下請けはがっくりへったのである。「家は九回かわった。これ以上どこへ行きようもない。日本へきてもうけたのはこれだけや」さし出した左手。人さし指から小指まで、指のあるべきところは丸くひきつっていた。

「南大門」のカワラもずれ落ちて苦難の生活を象徴しているようだ（大阪市生野区杭全町で）

○…「メシを何度たべるんですか」ときいたら口をゆがめて笑われた「さあ、この中で三度たべる家が何軒ありますか——」

路地でトウイスにツルを巻く内職をしていた[illegible]——「[illegible]小さい弟や妹と、[illegible]。大[illegible]物を背負ってきた母は、目の前で何べんも警察に荷物をとりあげられました。学校を卒業してもどこへも就職できず、私にできたことはやっぱり母とおなじ"買出し"。買出しの私の恐さだけが私の思い出です」

小屋の中でボンヤリしていたゾウリ職人——「機械が好きだった。日本には大きな工場があるときいて十九のとき海を渡った。鉄工所、自動車屋、時計屋……どこも雇ってくれなかった。朝鮮人にはお決まりの土方か、ハキモノ職人。故国へ帰って、一日でも機械工になれたら死んでいい」在日三十余年、もう五十二歳である。日本は、これくらいの夢にさえ応えられなかったのだろうか…。

朝鮮人の町

在日朝鮮人の大多数は、都会の中に孤立した集団地区を作っている。全国で一番大きいのは大阪市生野区にある集団地区で、約三万人、下関市の東大坪には約三千五百人、神戸市長田区では約四千人が集団生活している。東京では枝川町が有名だが、荒川区の集団居住地の方が大きい。大阪には朝鮮人の商店街もあり、朝鮮服姿の買物客でにぎわっている。こうした集団地区は戦前からあったが、戦後大阪府を中心に西日本で急激にふえた。職業は「南大門」の人たちのように、皮革、ビニール、イモノ、レンズなどの下請けが主だが、仕事はとぎれとぎれで半失業状態にあえぐ人たちが多い。

法務省入国管理局の調査によると、三十三年末には全国で約八万千人の朝鮮人が生活保護をうけ、職業別には土工、日雇が大きな部分をしめ、少数がパチンコ屋、飲食店などを経営して"成功者"といわれている。

（[illegible]から）

祖国への道 在日朝鮮人 ④

子供の幸せ願う

日本妻、夫の遺骨抱いて

墓標

○…「麗子―いちばんだいじなものは…」佐々木和子さん(三二)―奈良県大和郡山市綱町五丁目―は、小学校二年生になったばかりの長女にきいてみた。「いのち」「二番目は…」「おかねや」―〃お母さんよ〃という返事を第一に期待していた和子さんはドキンとした。「なんでや」「おかねなかったら勉強でけへん」―わずか七つの子供の割りきった考えに、はじめはびっくりし、それからがっかりした和子さんは、身がシャンとしまる思いがした。

この子が生れたとき、夫の朴賢淑さん(三二)は、占領目的に背くパンフレットを配った疑いで、奈良少年刑務所の未決監に入っていた。そして獄中からはじめてのわが子に〃麗順であれ〃と託して〃麗子〃と命名したのだった。ところが夫の願いと夫婦ともかせぎにもかかわらず、いっこうによくならない貧しい暮し。それが裏心に暗影に反映していたのだ。

○…「オレは旋盤、おまえは紡績、日本での経験を生かして働いたら、子供に思いのまま勉強させられる」帰国後の生活設計をはずんだ酒で話していた夫が、ポックリ亡くなったのは去る五月十日。あまりにもあっけない死に方に、和子さんには実感がピンとこなかった。「もうお父ちゃんに学校へきてもらえへんな」と、しくしく泣く麗子ちゃん。次女の富美子ちゃん(三)まで「お父ちゃん、ここで遊んでくれたで…」と遊んでいても、急にやめて涙をこぼす。二人のわが子の悲しい訴え。「二人ともいい子、お父ちゃんの遺志をついでおくれ」こども好きだった夫の笑顔が目に浮かぶ。「ものを正しく判断できる子に育てよう―」と、いつもさとすようにいっていた夫の声が、まだ生きている人のように、ありありと聞える―「朝鮮にゆこう」和子さんの決意は決った。

○…大和郡山市の紡績工場で働いていた和子さんが、争議の応援にきた朴さんの人間らしさにひかれて結婚したのが二十六年はじめ。まともな職にありつけなかった夫を助けて、和子さんは大阪の工場に通い、内職に精を出した。

亡くなる二日まえ、帰宅してみると、部屋の中に富美子ちゃんの汚くした衣類がほしてあった。「家からみていたら富美子が川にはまって泥んこ、飛んでいってきれいに身体ごと洗ってやったよ」なにげない夫の報告。富美子ちゃんはふとんの中ですやすや眠っていた。

腎臓で苦しんでいた和子さんのため徹夜、近くのうどん屋をかけまわっていっぱいのうどんをみつけてきてくれたことも「朝鮮にいったらまず、おまえに洋服を買うてやる。結婚してから一枚も買うてやらなかったものね」と慰めてくれたこともきのうのことのよう。たのまれれば名付け親から借金の保証、生活保護の交渉まで、なんでもひき受けた夫は〃マチの民生委員〃として日本人からも信頼され、和子さんにとっては〃誇り高き夫〃であった。

○…郡山市の西はずれ、西田中町の共同墓地に真新しい白木の墓標が立っている。

〃故井上輝男之墓〃―朴さんは〃井上さん〃という日本名で親しまれていた。失対事業の監督をしていた朴さんと、いっしょに働いたニコヨンのおばさんたちが、分骨してもらい、はるか山すその富雄川から、砂利や小石を、汗びっしょりになって運び、雑草が生えないようにと、セメントで固めて建てたのだ。「井上さん、これから働くで」「いま帰ったで」仕事のゆきかえりには必ず墓標に声をかけ、新しい草花を供えてゆく。

「生きていたら、ウチら朝鮮へ帰さん」この人たちは、こういって目頭をふいた。「みんなの友情は一生忘れない。でも私の手であの人の遺骨を朝鮮の土に埋めてやらないと……。日本では母親の細腕だけで子供を育てにくい。子供が幸せになるなら言葉も知らない朝鮮だって、どこだって…」小柄で弱々しそうな和子さんの心には、強い母の祈りが祖国一筋にかけられているようだ。

墓標にはいつも新しい草花が……

（大和郡山市西田中町の共同墓地で）

子供

いま全国の児童施設には朝鮮の子供が千二百五十六人（六月末、朝総連の調査）いる。ほとんどが日本生れ。孤児は「民族の子として機関が世話をして帰国させる方針」という。

子供たちのなかには日本名をもち、自分が朝鮮人であることを知らない子もあった。こんな子にいま「お前の祖国は朝鮮だ。祖国の道が開かれている」と教えるのは大きなショックに違いない。げんに、この春、朝鮮人教育会の人たちがはじめて施設を回り、ノートなどを贈ったあと、急に物思いに沈んだ子もいた。

現在大きくなった子供たちに希望と自覚をもたせるためには「民族教育」しかないと、南北両派がそれぞれの立場で教育をしている。（大阪市玉津中学校長福原典平氏、関西朝鮮教[illegible]田正氏らの話から）

Ⅱ　北朝鮮の在日戦略

【金相権インタビュー◎聞き手・金定三】

帰国同胞と朝鮮総連

北朝鮮における帰国者の処遇と朝鮮総連

北朝鮮では一九六一年九月の朝鮮労働党第四次大会を受けて、「思想事業」と「唯一指導体系」を打ち立てる準備作業をはじめた。そして一九六五年、韓日条約が成立し、中国では「文化大革命」が起こるや、一九六六〜六七年にかけて「清算事業」と称して党中央における粛清が行われ、朴金喆を中心とする国内の甲山派（後期抗日武装闘争出身グループ）も消滅した。

同時に一九六六年から、「集中指導」「住民再登録事業」が実施され、日本からの帰国者は要監視対象として位置づけられた。この知らせを受けた在日本朝鮮人総連合会（以下、朝鮮総連）中央の上層部では、帰国同胞の権利を擁護するのか、それとも党中央の方針に従うのか、さらには朝鮮総連の性格をどのように位置づけるのかについて、激しい論争が起きた。

韓徳銖朝鮮総連議長と金炳植最高幹部グループは、朝鮮総連を金日成中心の朝鮮労働党の外郭団体として位置づけようとした。これに対し李心喆副議長と金相権最高幹部を中心としたグループは、朝鮮総連の大衆組織としての独自的性格を強化しようとした。

その渦中で、一九六七年、李心喆副議長は北朝鮮に召還され、翌年、原因不明の死をとげた。金相権氏も七〇年代初期、交通事故を偽装したテロを受けている。

朝鮮総連の路線をめぐるこの争いは、いわゆる金炳植別働隊といわれる「梟(ふくろう)部隊」の跋扈により暴力的に終結させられ、朝鮮総連は完全に朝鮮労働党に掌握された。

その後、金相権氏は外部との交渉を断っていたが、このたび当研究所の要望に応じ、このインタビューが実現した。惜しまれることに、金相権氏はこのインタビューのあと、一九九九年に亡くなられた。

「正道」とは

——わが国朝鮮の統一問題、社会主義建設の問題、在日同胞の権利問題、そのどの課題を解決するにしても、方法が非常に重要であると考えます。方法における「正道」ということはどのような意味をもつと思われますか。

金相権　正道という言葉ですが、どの国のどの政党でも、自分たちが行おうとする事業の目的を明確にし、それを遂行する手段・方法を打ち出し仕事を展開しますが、その目的が正しくなければならないということはもちろんのこと、手段・方法も公明正大でなければなりません。

この関係が正しくかみ合ってこそ仕事が成就するわけですが、この正道を外れてしまうとそこに必ず無理が生じ、強制と抑圧が支配することになります。そうしますと、仮に一時的にはうまくいっているような幻想に陥りますが、時間をおいて見ると必ず失敗することになるということがわかります。これは教訓です。

紆余曲折はあるけれど、歴史はまさに正道によって発展してきたものです。正面から扱うことのできないことを、後ろから策を弄してはならないものです。

非正道の手法をとる共和国

——ところで共和国（朝鮮民主主義人民共和国をいう）は、なぜ一貫して非正道の手法をとっているのでしょうか。

金相権　それはわが国が日帝から解放されたとき分断されたこと、とくに北はソ連占領軍の施策でスターリン式社会主義国家を建設したこと、ここにその根源があります。もともと人々が渇望していたことは、人類史に一つの区切りをつけ、その次に世界が前進できる高い展望を要求してきたはずでしたのに、スターリン主義はそのような人々の自由な活動と可能性をいっさいへし折ってしまいました。

冷戦体制下で軍備拡張を最優先する思想では、スターリン主義が最も適合したイデオロギーでした。しかしこのような社会では、人民の生活や経済的な発展ということは第一義的問題になることはできません。両体制が極限状態までどうやって耐えうるかということが、政治的課題になったのです。冷戦体制が崩壊したいまも、平壌（ピョンヤン）は依然として従来の路線を踏襲しています。ある資金は、ひっきりなしに軍事予算にまわしているのです。

体制を維持しようという目的がまさにそうです。人民には、水と草でがまんしろ、あるものはいっさい供出しろと言いながら、トンネルを掘ったり、大砲やミサイルやタンクを作るのにまわしているのです。

そんなことを三〇年も四〇年もやったあと、周囲を見回してみると国土は荒れ地になってしまっていた。荒れ地になっても体制を維持しようとすると軍備拡張するしかないというのが、平壌がとっている態度です。これが第一に重要な本質です。

主体思想という政治的有機体論のもとに、いわゆる一〇大原則だとして金日成・金正日は頭脳で、人民はその手足であると規定しています。人民をみな同じく頭脳をもった人格としてみていません。そのような北の政権が、どうして正道によって堂々と推進することができるでしょうか。

――社会主義も民主的方法をとっていたならば、その体制が崩壊することはなかったのではありませんか。

金相権　そうです。社会主義体制でも人民に正面から問題を提起し、また民主的合意によって社会主義を建設していたならむしろ社会主義陣営が経済的に発展したはずです。正面から人民の自由と民主主義を保障する社会で経済建設をしていたならば失敗する理由がないではありませんか。うまくいかなければいつでも是正すればよいのですから。ところが平壌はこのような方法をとらず、党が決定したことだから人民はいちいちそれを検討してはならない、徹頭徹尾党を支持すればよいので、その他のことをしてはならない、もし自分の意見を言う者があれば、それは反革命だし反逆だ、というのですよ。こんなふうにされてどこに人の生きる甲斐がありますか。黄長燁氏が言っていましたが、封建時代とかわりないのです。

――封建時代はそれでも旅行や通交の自由、生産の自由、学問の自由があり、「鳳伊金先達」（近世朝鮮の口伝説話に登場する機知に富む詐欺師）のように平壌の大同江も売ってしまうという風流とユーモアがありましたし、なによりも分け合って食べるという人情がある社会だったではありませんか。

金相権　そのとおりです。正確には封建時代は封建的階級社会ではありましたが、その社会自体が身動きできないような監獄的構造をもつものではありませんでした。

帰国への道

――では今日のテーマ、帰国同胞の問題についてお話を伺いたいと思います。まず在日同胞が帰国するとき抱いていた一般的な感情といいますか、意識というのはどういうものだったのでしょうか。

金相権　わが同胞は誰も、日本に来て心穏やかに過ごしたことはいっときもありませんでした。戦前二三〇万人にのぼる人々が日本に来ていて、現在は六〇～七〇万人が残っていますが、ほとんどみな労働市場に引っ張られてきた人たちです。解放後一〇年が過ぎたときでも在日同胞の境遇はひどく、困難な問題がたくさんあり、日本社会の民族的差別と蔑視のもとでしっかりした仕事がないため、生活も安定せず子どもの教育問題でも前途が真っ暗な状態でした。

このような状況のなかで、生活を切りつめてでも在日同胞を受け入れるという平壌の声明を、形容できないほどありがたく思ったのでした。北の同胞が朝鮮戦争が終わって社会主義建設をするというので、在日朝鮮人の故郷はほとんど南でしたが、釘を一つ打つのも祖国に帰って打とう、土を掘るのも日本でするのではなくて祖国で掘ろう、北もわが祖国だと考え、同胞の息子、娘は手をつないで希望を胸に抱き帰国船に乗りました。新潟港で帰国船を送ったときの感動的なシーンが目に浮かびます。

帰国事業は愛国事業でした。世界中の人々が見守るなかで行われましたし、日本国民の広範な支持を受けながら推進されました。

――実に素朴で気高い意識ではありませんか。

金相権　どんな世の中、どんな時代になっても、当時帰国者が抱いていたこのような愛国愛族的意識は、非常に尊くすばらしいものとして忘れることはできないと思います。

隠蔽されていた真実

――こうした昂揚した意識は、どのような背景のもとで形成されたのでしょうか。

金相権 政治的社会的背景としては、解放後、朝鮮が米ソ軍によって分断占領されて以後、とくに南では社会主義者だけでなく民族勢力に対し流血的な弾圧とテロがありました。「大邱人民抗争」や「麗水反乱事件」、とくに在日同胞に大きな比重を占める済州道出身同胞の家族や親戚が「済州島四・三蜂起」の際に、無惨にも大量虐殺されました。日本でも、日本政府の在日同胞に対する弾圧政策と日本社会の差別、われわれの教育事業に対する暴力的弾圧がありました。このような時期に朝鮮戦争が勃発したのです。この朝鮮戦争が、在日同胞を急激に、共和国を真の祖国であると認識させるようになる最大の契機となったのです。われわれ在日同胞の大多数は、当時朝鮮戦争は共和国が主張するとおり、アメリカと李承晩によって引き起こされたものとばかり思っていたのです。

――それは近代の歴史と当時の国際情勢が影響しているのでしょうか。

金相権 そうなのです。社会主義国家が戦争をしかけるとは誰も考えもしなかったのです。アジア、アフリカ、ラテンアメリカを侵略し植民地にし、ひいてはアフリカ人を動物か家畜狩りでもするようにつかまえ、奴隷として売り渡してきたのは彼ら欧米列強でした。日本も朝鮮を侵略することによって同胞を日本に引っ張ってきたのですから、アメリカによって戦争が起こされたに違いないというのが、当時の在日同胞の素朴な感情でした。

同胞の多くは、「資本主義的帝国主義時代は終わり、人類の輝く未来は社会主義にあるにちがいない」との願望を抱いていました。そのようにみなが考え行動した時期だったのです。ですから、人民を弾圧し戦争を引き起こすのは帝国主義で、資本主義勢力だ、社会主義は同族に銃口を向けたり火をつけたりというようなことはしない。このような認識が在日同胞の先入観としてあったのです。

――社会主義体制や思想は人間解放の体制であり思想であって、侵略と戦争の体制や思想ではないということが、植民地奴隷としての苦い経験と戦後の差別によって、自然に体にしみついたというのが在日同胞の意識だったということですね。

金相権　ですから、共和国が自分たちの祖国だという認識を自然にもつようになりました。ところで最近になって、朝鮮戦争に関する資料と証拠が続けて見つかっています。ソ連が倒れたあと、ロシアで文書が出てき、中国でも文書が出てき、内部でも出てきています。当時の人民軍作戦局長だった人も証拠を出しています。北から戦争をしかけたというものです。これは隠すことのできない事実です。

共和国執権層の政治的性格

——さきほど言われたことですが、共和国の執権層がとんでもない陰険な凶計をもって人民を道具として利用したことは、はじめから彼らの体質であり政治的性格であるということですか。

金相権 彼らは、さきほど話に出ましたように、革命をするにしても、政治をするにしても、何をするにしても、正道によって正しいことを堂々と押し出して公明正大に行ったのではないということですよ。理念を追求し、そこに正当性を付与し、そして人民の合意に基づいて政治を行うのではないということです。歴史の流れというものは正道によって流れているものです。誰か力の強い者が出てきて、たとえば力の強い将軍が出てきて力を振り回したからといってできるというものではありません。

——彼らの眼中には人民主権という概念はなく、したがっていつも、力の強い将軍のように腕力を振

り回して、誰も何も言えないようにしてしまうということですね。

金相権 ですから天下に非道な朝鮮戦争を引き起こし、その次にすぐさましたことは何かといえば、これは、南労党（南朝鮮労働党）の朴憲泳グループがへたをしたので戦争に勝利できなかったと、南労党系列の人の粛清にこぶしを振り回すことになったのです。

――南労党が朝鮮戦争を計画したのでもありませんのに。

金相権 まったくそのとおりです。自分の責任を回避するために、とんでもない陰謀をめぐらしたのです。

「千里馬（チョンリマ）運動」の成果は各国の援助によって

――南労党を除去して権力を掌握した金日成はその後、戦後復興の建設にとりかかりますか。

金相権 三カ年計画というのをします。三カ年計画は当時、社会主義諸国家から送られた経済援助を受けて戦後復興をする事業でした。ソ連、中国、東欧、それにモンゴルまで含むすべての社会主義諸国家から莫大な経済援助がありました。そのときまで穴を掘って暮らしていた人々が、飛び出してきて経済建設にとりかかったのです。

――三カ年計画に基づく経済建設は、金日成の政治的手腕によってなされた自立経済ではなく、戦後復旧建設のその時期から、外国の援助が大きな担保だったということですか。

金相権　それで比較的順調に建設が行われたのです。そこから「千里馬運動」が登場しました。

スターリニズムの強化――唯一指導体系の確立

ところが経済建設と同時に「政治思想事業」が主な課題として提起されました。フルシチョフのスターリン批判の影響が北朝鮮に波及するのをおそれ、金日成を中心とする唯一思想体系、唯一指導体系を確立する思想事業が強力に推し進められます。南労党派、中国派、ソ連派の粛清を経て、金日成の唯一思想、唯一指導体系が確立されていきます。

一九六一年九月の第四次朝鮮労働党大会は「勝利者の大会」であるとして、朝鮮は金日成を主とする国であると標榜するようになります。「金日成王朝」をしいていくことになり、主体思想というものが金日成の思想として体系化されていきます。

――ソ連ではフルシチョフによってスターリニズム批判がはじまっていますのに、北では正反対にスターリニズムを強化しはじめたのですか。

金相権 そうなのです。フルシチョフの登場後、スターリンの「個人崇拝」批判、ユーゴスラビアの「自主管理」、チェコスロバキアの「人の顔をした社会主義」などなど、ソ連と東欧社会主義諸国家でのスターリン式個人独裁恐怖政治に反対する潮流が大きなうねりとして動き出すや、どんな手段、方法をつかっても金日成王国を強固にしようという施策が、北朝鮮を支配するようになります。

――在日同胞の帰国事業はまさに、粛清事業や「勝利者の大会」といわれる第四次党大会を準備していく過程で、準備され遂行されたということですか。

金相権 一九五八年から運動をはじめ五九年一二月に第一船が出帆し、ピークが第四次党大会の次の年ぐらいでした。

――ところで、帰国同胞たちの処遇に変化が表れたのはいつごろですか。

金相権　それは平壌の政治思想事業が進展する時期で、それにともない帰国者の運命が左右されるようになり、彼らの処遇に危機が生じはじめたのです。

――では、初期の帰国者より次第に処遇が変わっていったということですか。

金相権　初期は、困難ななかでもみなともに手をたずさえて祖国を建設しようという心情がお互いに通いあったのですが、政治思想事業の方向が鋭くなっていき、金日成唯一体制を早く確立しようとするあせりが、国際情勢に反作用して国内の階級闘争を先鋭化させたのです。言うなれば、スターリン式独裁と恐怖政治を変えようとする社会主義の新しい国際潮流を右傾的偏向であるとして、スターリン式方式を擁護する傾向がはっきりと表れはじめました。一九六一年第四次党大会を経て一九七〇年の第五次党大会まで約一〇年間、集中指導、住民再登録事業等を展開し、世界に例のない管理社会、統制社会、金日成式恐怖政治を行って唯一体制を確立しました。この間に帰国同胞の身の上には言い様のない苦難が迫ってきたのです。

帰国同胞襲う苦難

――住民再登録事業の内容を話していただけますか。

金相権　まず、出身成分の規定について言わなければなりません。出身成分の規定には三階層を設定し、第一階層は核心階層であり、第二階層は動揺分子＝要監視対象であり、第三階層は敵対分子＝特別監視対象に分けられています。これは核心階層に依拠して第二階層と統一戦線を結び、第三階層である敵対階級を打倒するという革命的階級政策の公式を機械的に適用するものです。物質的分配はもちろん、一般社会生活のすみずみまでこの原則が貫徹されます。

――居住、職業、進学、結婚等、人間社会の基本的権利関係が法の前では平等であるという原理は、均一主義で朝鮮の実状にはあわないということですか。

金相権　そうです。核心階層は労働者、雇農、貧農、愛国烈士の家族、革命遺家族、党員、勤労農民、事務員等々一二分類あり、動揺分子＝要監視対象は知識人、民族資本家、中農、商人、手工業者、日本からの帰国者、越南者家族等々二七分類あり、敵対分子＝特別監視対象は解放前の地主、資本家、反動官僚、親日・親米分子、キリスト教信者、反革命分子等々一一分類です。その後、一九八〇年ごろに以上の三階層五一分類をさらに細分化し、三階層六四分類に区分されたとされますが、基本的にはこのような分類区分が組まれ、一九六六〜六七年の間の全住民再登録事業期間に一人ひとりを調査し、烙印を押したのです。国家権力が直接、人民を相互監視させ、通報義務を課し脅迫するということは、人民の健全な倫理観と人間性を破壊する最も卑劣な反民族的、反人民的行為です。

――帰国同胞は要監視対象にされたのですね。

金相権 事態がこのようになったあとに、帰国同胞の驚くべき実情が日本に伝わり、帰国希望者がいなくなりました。しかしすでに一〇万人近くが帰国したあとでした。過ぎた歴史の事実をもって、あのときああしていなければどうなっていただろうかというように考えるのは妥当なことではありませんが、帰国者の法的処遇の保障について明確に取り決めを行わなかったことが悔やまれてなりません。この出身成分の規定が帰国事業以前に出ていたならば一人も帰国する人はいなかったし、反対にそのような規定がなく暮らしよい所であったなら、帰国者数はさらに多くなったことでしょう。その証明としてはこの規定が出たあと、帰国者はいなくなりました。

――ほんとうに思いもよらないことです。このような事態はそのときすぐにわからなかったのですか。

金相権 ほんとうに青天の霹靂とはこのことをさして言うことです。朝鮮総連の責任者が知らなかったということは決してできないと思います。「地上の楽園」であるとして送り出された帰国者が不幸な境遇におかれているとすれば、それは送り出した人の責任も免れることはできないと思います。しかも、在日同胞の権利擁護を標榜する朝鮮総連としては、帰国者の権利を守ることを当然の使命としなければならないのですから。平壌の指導部でも、この帰国事業は貴重な愛国事業であるとして、帰国者の居住、職業、進学その他生活上不便がないようにしようと約束したのですから。帰国者も財産を整理し、祖国建設に必要な機資材はもちろん、多種多様な技術集団を組織し、力のかぎり応えました。愛国事業に参加した人たちをどうして動揺分子・監視対象者として追いつめ、虐待できるというのですか。

――当然、それに対する責任から逃れることはできないことです。

送り出した者の責任

金相権　いま公式的には、帰国者が差別と蔑視のなかでの異国暮らしから抜け出て、国家的配慮のもと居住、職業、進学の恩恵を受け、幸福に暮らしているといわれていま す。果たして帰国者たちは幸福であるだろうか。かれらに対する処遇をみて、うそでも幸福だとはいえません。

人間は誰でも不幸を逃れ幸福を探していくものです。帰国者が幸福であると強弁する前に、かれらの自由意志によって行く所を決めなさいとしてみるのが、いちばん公平な方法だと思います。このような理由から、朝鮮総連は正確に問題提起をして、帰国者に対する処遇を改めるよう努力をしなければ、その責任から逃れることはできません。

――朝鮮総連の組織指導によって帰国した同胞が不幸であればあるほど、在日朝鮮人運動のなかでは未処理の問題、解決しなければならない問題として残っているのではありませんか。

平壌は時間が経てば自然に消滅する問題であるとみているのでしょうか。根本的な問題解決の展望をどのようにお考えですか。

金相権　実によい指摘です。帰国した同胞には年老いて死亡した人も多いけれど、二世、三世が生まれて、推測される数字としては約三十数万人を超えたといいます。時間が経てば自然に問題が消滅するというものではありません。出身成分の規定が存在するかぎりいつまでも問題として残ることになり、不幸は解消されず転換することはありません。したがって、北の全般的問題と連結させた視野で見て、問題の解決をはからなければならないと思います。

――その全般的視野からみた問題解決とは、どういうことでしょうか。

金相権　北朝鮮が「ソウルを一挙に火の海にできる能力」を構築して恫喝脅迫の効果を持続しようとすると、引き続き軍拡路線を維持しなければならないし、予算をこれまで以上に投入しなければなりません。それでも低調な一般的経済事情からみて、効率は減少していくでしょう。

軍拡路線を追求すれば一般経済の疲弊は一層深まり、一般経済を成長させようと思えば軍拡路線を抑制しなければならない二律背反の関係にあります。帝国主義が侵略を狙っているため軍拡路線は当然であり正当であるという論理に傾くならば、人民経済は一層疲弊してしまい、軍事的にはさらに危険な陥穽に陥るしかないのです。

潜水艦南侵事件、特攻隊浸透作戦、ラングーン・アウンサン廟爆破事件、大韓航空機爆破事件、拉致疑惑、米ドル札偽造疑惑、覚せい剤密輸疑惑等々、普通の一般人の常識では恥ずかしくて顔をあげられないことを「愛国行為」、「革命的行為」の美名で敢行しています。

――そのような方法で大事が成就し、民族と国家の保全が可能になると思っているのでしょうか。

金相権 このような方法では人心を集めるよりは失ってしまい、ガラガラと音を立てて崩れてしまうのがおちでしょう。

いま平壌が考えていることは、まず対米関係を解決し、その次に対日関係を解決して韓国に対するある種の対等な位置を築こうというものだと思われます。しかし、ことはそう簡単には進まないでしょう。というのはアメリカの狙いが政治的軍事的覇権よりも、経済的利得にのみ照準があわさっているとは思えないからです。

帰国者の処遇改善のもつ意味

――では平壌は、外交戦略の順序を変えなければならないというお話ですか。

金相権　そのとおりです。まず民族内部の力を集め育てていく方向性が先行しなければならないと思います。いうなればいちばん近い所、いちばんたやすい所、あとに面倒のない所から手をつけ改革することが、自然で効果的だと思います。

そうだとすると、在日同胞との問題から解決しなければならないと思います。この問題が正しく解決されれば、在日同胞の心が解けるばかりでなく、韓国の同胞も、北も人々が暮らすことのできる価値ある社会だと納得することができるのです。南北関係が氷解すれば、アメリカや日本との関係も道理にかなった方法で解決がなされると思います。

したがって、帰国した在日同胞の処遇改善問題がまさにすべての問題解決の糸口だと見ることができます。特別な幹部の子どもや家族たちにだけ絹の着物を着せ、一般帰国者を要監視動揺分子として処遇する現状を改め、誰でも納得がいくように処遇すべきです。

――しかし平壌では民族内部の問題よりも、引き続きアメリカとの外交に焦点をおいているのではありませんか。

金相権　そうでしょう。しかし反米、反米で五〇年間徹頭徹尾、思想統制をしてきたのですから、一朝一夕に手のひらを返すように簡単にはいかないものです。そのような乾坤一擲式ではアメリカ人も信用しません。

いわゆる民族や国益のために態度と方針を変えるという大義名分をたてるならば、内部の不平に対処し、時代の要求にあわない規定と方針を変えることを優先するのがほんとうではありませんか。

志が一つになるとき、乗り越えられない難関というものはありません。重要な問題を解決するために主な国々との外交戦を打開することも重要ですが、まずは、民族内部の問題処理をしなければなりません。

帰国者問題が正しく解決されたあとは、「合弁営業法」に触発されて動き、損害をこうむって撤退した百数十件の在日同胞商工人の権利を原状回復させなければなりません。挫折した「合営」が正しく処理されるならば、全在日同胞が喜ぶだけでなく、その結果は南に波及し、韓国の社会にも前向きの影響を及ぼし、さらには日本の政治・経済界にも大きな関心を呼び起こすことができると思います。

私は、在日同胞に対する以上二つの件が、共和国のすべての問題を無理なくよい方向に解決する糸口だということを、再度強調したいと思います。


【一九九七年四月二四日、大阪・東北アジア問題研究所にて（翻訳・東北アジア問題研究所）】

【洪祥公・金定三対談①】朝鮮大学生指名帰国事件

はじめに

洪祥公氏は一九六五年から七六年にかけて、朝鮮総連が運営する朝鮮大学校（以下、朝鮮大学）で教鞭をとった経験をもつ。その後家業を継いで商工人に転じ、長らく朝鮮総連の商工団体役員を務めてきた。

本対談では二つのテーマを扱っている。一つは、一九七〇年代初めにあった朝鮮大学生帰国事件についてであ
る。もう一つは、北朝鮮による在日商工人政策および朝銀政策についてである。いずれも十分にその全容が明らかになっているとは言い難く、とりわけ前者は現在に至るまで、その真相はあまり知られていない出来事である。今回は両テーマに関係者として関わった洪祥公氏を迎えて、それぞれについて貴重なお話を伺った。

朝鮮大学へ

金定三（以下、金）　洪さんは一九七〇年代、朝鮮大学で教鞭をお執りになっていましたが、その経緯はどのようなものだったのですか。

洪祥公（以下、洪）　私が金沢大学の理学部を卒業したのは一九六三年でした。就職や将来のことで相談に乗ってくれそうな先生や先輩もいなかったものですから、とりあえず大学院に進みました。しかし、将来のことを考えるととても不安だったのです。その折ふと、一九五九年一二月にはじまった北朝鮮への帰国事業のことを思い出したのです。ああ私には祖国があるじゃないか、帰国しようということになったんです。

そこで大学院を途中でやめて家に帰りました。そして帰国準備のためにもやりたい分野の勉強をもう少ししておこうと、神戸大学の理学部で有機化学の専門分野を勉強しました。そのときに帰国申請をしましたが、ちょうど同じころにたまたま、朝鮮大学のほうで生物化学科をつくるという話がもち上がりました。

金　それは何年ごろですか？

洪　一九六五年ごろです。私はすでに自分の専門を生かす帰国集団に入っていました。その集団はほとんど国立大学卒の優秀な人材でグループがつくられていましたが、私は朝鮮大学にピックアップされて残り、彼らは帰国しました。

「一五〇日間革新運動」とは

金　一九七一年の一一月一日から翌七二年四月一五日までの間に、朝鮮総連中央は金日成元帥の生誕六〇周年を迎えるため、「一五〇日間革新運動」（韓徳銖『主体の海外同胞運動思想と実践』二九三頁、九月書房、一九八六年）を提起します。その一環として、二〇〇人の朝大生らを七二年三月ごろに北朝鮮に帰国させたということなのですが、ご存知でしょうか。

洪　そのことについては、私は一九七二年の一月になってはじめて知りました。というのも、この朝大生帰国工作は、当初表面的には全然出てこなかったものですから。理学部の会議でもいっさい話題になったことはありません。しかし一九七二年になって帰国するのがいやだという学生や、帰国せよと言われて悩んでいる学生が目につくようになり、はじめて表面化したのです。

金　この帰国事業を主体になって組織したのはどこでしょうか。

洪　朝鮮大学の当局が直接組織したのではないことだけは確かです。朝鮮大学の教職員のなかで、しかも朝鮮大学卒業生で核心的な人、つまり学習組のなかでも責任ある人たちが上から秘密裏に任務を帯びて、一九七一年の冬休みの間に各家庭を訪問して工作していたようです。

金　いきなり家庭訪問ですか。

洪　その前に大学では、金日成元帥の還暦を教職員はもちろん、学生としてもどのような心構えで迎えるのか、全学生がクラスごとに公開討論会を幾度も開きました。

金　テーマは何だったのですか。

洪　金日成元帥の命令であれば、いつどこへでもおもむいて、無条件に忠誠のかぎりを尽くすということです。これを「主体型」人間というのです。

金　大学全体がそのような雰囲気というか、熱気であふれるようになっていった。

洪　そして各自が決意を宣誓するようになったのです。

金　二〇〇人は自発的に帰国しようということになったのではない、ということですか。

洪　自発的なことではなかったのです。裏のルートから秘密裏に指名されてきたということです。「君は朝鮮大学生の代表として、祝賀団として行くんだ」ということを通告され、否応なしに応じざるをえなかったのです。

金　全員が行くことに同意したのでしょうか。

洪　いや、そのなかには本人の、または家での事情で躊躇する者も出てきました。そこで卒業生のなかから、学習組のなかでも責任ある人たちが冬休みに家庭訪問し、説得していったということです。

選別された帰国学生

金　このなかには代表的な商工人たちの子息が含まれているということですが。

洪　兵庫県の商工会の副会長とか、秋田の有力商工人とか、そういうところの娘さんとか、しかも家庭が民団（韓国系の民族団体）に近く、朝鮮総連に対してあまり熱誠者じゃないという家庭、または成績はよくても家が貧困な学生、母親が日本人の方、そしてもう一つは北朝鮮に兄弟とか身内がいない人たちです。

このことで印象に残っているのは、家族ではじめて弟を帰国させた大学の教員が、その後とんとん拍子に幹部に登用されていったことです。

金　代表的な商工人のなかには家庭を見ると日本人の奥さんだとか、民団に近いという方々がいますが、その子弟を朝鮮大学に多数進学させていたということは驚きですね。この方たちは戦後苦労して財を成したと思うのですけれど、民団に近い人たちが朝鮮大学へ子弟たちを入れた理由としては、一般同胞たちは純粋にわれわれの教育を受けさせようということであったことは十分に考えられます。これは戦後の4・24（I「帰国事業の前夜」本書二二頁参照）からの念願でしょう。ことば、祖国の文化、民族的教養を身につけた世代を養成したいという。

この方たちは解放時、一〇代だったと思うのです。おそらく一九七〇年代初めには、五〇代の前半ほどになっていたでしょう。その方たちの子どもたちを朝鮮大学へ行かせた。ある意味で在日朝鮮人の一般的な、祖国と民族に対する心情を象徴していると思います。この時分は、在日朝鮮人はたとえ東大を卒業したとしても就職するところがなかったのですから。日本社会は当時そういう状況でした。

洪 ところが私が朝鮮大学に行ってまずびっくりしたのは、ある女学生がすごく悩んでいたのに出会ったことです。彼女は日本の高校を出て、東北大学の法学部に合格しているのです。それを蹴ってまで朝鮮大学へ来ていました。その女学生は、最後の四年生になっても思想的についていけないと悩んでいました。もちろん周囲からは評価されない。理科系の才能はあっても評価はされない。卒業して朝鮮新報社（朝鮮総連系の新聞社）に行きましたが、一～二年目でノイローゼになって、やがてやめましたね。

そういう優秀な学生が日本の各地から集まっていました。大学の初期（四～五期生）には日本の大学を卒業してから来た学生もいたようです。七二年の帰国学生のなかにも、日本の高校から来た学生がかなり含まれています。

これは当時、北朝鮮は素晴らしい、朝鮮大学で民族の魂を学ぶんだということで、朝鮮大学に入学し、「一〇〇日戦闘（小学校から高校まで民族教育を受けたことのない者は母国語を知らないので、まず国語獲得のための猛勉強をする。夏休みを終えるころには授業を受けるのにも不自由しなくなるという）」で言葉を覚えた学生たちが帰国しています。

封じられた反対意見

金　このような動きに対して、朝大の先生のなかでは意見がなかったのでしょうか。李珍珪先生（学生たちに人望の高かった教育者）はこのとき……

洪　ほとんど反対意見は出ませんでした。李先生は学長でした。李学長だけは朝大生がいなくなるという理由から、帰国に消極的だったようです。これはあとでわかったことですが。

金　朝鮮総連中央には金炳植（朝鮮総連を思想団体化し、朝鮮労働党の下部組織化するのに決定的役割を果たした）がいたのでしょう。

洪　一九七二年の五月には失脚していますが、まだ健在でした。

金　このときはいたのだから。彼は李珍珪先生の意見を……

洪　もちろん、厳しい批判を加えたと聞いております。

金　総責任者は金炳植だったのでしょうか。

洪　いや、最高命令者は彼ではなく、韓徳銖議長（一九五五年朝鮮総連結成時から死亡するまでの間、議長として、在日社会では金日成の代理人を務めた）だったようです。彼が金日成元帥の生誕六〇周年に際し、「生ソンムル（生の贈りもの）」を送れと指示したと言われていますから。

金　「生ソンムル」とは、生き生きとした贈りものという意味ですか。

洪　そのとおりです。生きのいい青年学生たちということです。

金　この学生たちは朝大生の祝賀団、代表団だったのでしょうか。

洪　最初は学生たちも私たちも、二〇〇名を還暦祝賀代表団と思っていました。

金　むこうでは祝賀団として受け入れたんですか。

洪　帰国した学生たちからの手紙ではじめて判明したのですが、金日成元帥の還暦のときに祖国に帰ってきた単なる帰国者として扱われたようです。ただし、金日成主席の談話として、今回朝鮮大学の学生二〇〇名が帰国したようだ……

金　というような言及があったと。

洪　そうです。しかし在日社会では、たとえ朝鮮大学を卒業された方々の間でさえ、このことの真実はあまり知らされておりません。

金　彼らはどこに配置されたのでしょう。

洪　送られてきた手紙には、赤旗三大革命小組（一九七三年から党中央が指導する群衆的努力競争運動の基礎組織）に配置されて、一生懸命やっていますと伝えてきています。

朝鮮大学生集団帰国の目的は？

金　ところで、この二〇〇名の指名集団帰国工作の目的は何だったのでしょうか。

洪　それがわからないのです。最近この工作に加わった者に尋ねてみたのですが、自分もいまもって理解できないと言うのです。また当時は、その理由を問うことは金日成元帥に対する無条件忠誠を疑われることですから、聞けなかったのは言うまでもありません。

金　いま考えてみて、一九六〇年代の帰国者たちが子どもたちの将来を考えて帰国したとするならば、ここは明らかに違いますね。七二年の場合は全員大学生たちでしたが、かれらは帰国に際しどのような準備をしていたのですか。

洪　そのとき学生たちからは、持っていくのにどのような本がよいかとか相談を受けたことをいまも覚えています。

金　この帰国事件の翌年の一九七三年五月と一一月に、第一次、第二次在日商工団体代表団を訪朝させています。このとき金日成主席から、在日朝鮮人の商工人は非常に愛国的であると位置づけがなされます。それを受けて朝鮮総連では、商工人が基本群衆であるというようになりますね。それまではブルジョア集団で動揺階級とみられて一番下位に位置づけられていたのに、やがて一九八〇年代になると、商工人代表を副議長に抜擢したりしますね。

洪　文東建さんもですね。

金　さくらグループ代表の全演植氏だとか……。一九七〇年代はじめから商工会、「中途半端なブルジョア階級の人たち」を直接的に共和国とつなぐことによって、朝鮮総連下の商工人と北朝鮮との一体化をはかり、やがて合弁事業への地ならしをしていっているということがわかります。

洪　この大がかりな二〇〇名の帰国事件が単なる気まぐれによって発生したとは言えないでしょう。必ず戦略的な目的があったはずです。

これは直接関係のないことかもしれませんが、このときに帰った学生のなかに日本国籍の者がいました。というのは母親が日本人でしたから。ところがのちに、このとき帰国した学生のパスポートを使って、北から日本に不法入国した者が逮捕されるという事件があったようです。

金　ああ、そういうことがあったのですか。

帰国学生たちの思い

洪　一九六〇年代の帰国事業と一九七二年の集団帰国とは違うところはあるけれど、祖国を思う点、自分たちの未来を思う点では変らなかった。送別会などを簡単にやったのですが、自分は朝鮮大学に入って学んできたが、これから本当に貢献・寄与するんだと口々に言うのです。その情熱、討論といったらすごかった。

金　そのことを思うと、胸が痛みますね。

洪　そうです。帰国への説得に関わった者がまだ現職にいるのですが、共和国（北朝鮮）に何回も行っています。しかし、帰国学生たちとは会っていないようです。説得に加わった者のうちの一部の者ですが、良心の呵責に悩んだ末に、頭を地面につけて謝罪しても足りないくらい申し訳ないと書いた手紙を帰国した学生に送っています。受けとった学生は同じ仲間とその手紙を回し読みしたそうです。そして、「一つのくぎりができた。祖国にいる現実のことを考えると自分に課せられた仕事を一生懸命やるしかない」と言っていると伝え聞いて、手紙の送り主は本当に胸が締めつけられる思いだと言っています。

それだけの情熱をもって帰国しているのに……。金日成著作集（朝鮮労働党出版社）第一三巻には、党員の出身成分問題が論じられています（一三五頁）。それによりますと、出身成分に問題があるとしても寛大に取り扱い、社会主義建設に熱心であればみな同じだと書いてあるものですから、私たちは著作集に書いてあることを信じ、資本主義社会に住んでいたとしてもそういう教示もあるから大丈夫だと、学生たちに教えたりもしました。ところが現実はあまりにも違ったわけです。

【二〇〇三年四月二六日】

【洪祥公・金定三対談②】

一九七〇〜九〇年代「合営事業」「朝銀事業」について

デタントの波と「七・四南北共同声明」

金　一九七二年は、東アジアの国際情勢を一変させた年でした。戦後、世界は二分され、中・米はヴェトナムでは激しく敵対していました。ソ・中はヴェトナム側に立っており、そこでは社会主義陣営を形成していました。ところが一九六九年に中国東北部の珍宝島（ダマンスキー島）で起こった中ソ武力衝突は、中ソの敵対関係を露呈させました。その最中、一九七一年七月に突如アメリカ大統領補佐官キッシンジャーが北京を訪れ、程なく中国は同年一〇月に国連に登場します。

翌七二年の二月にはニクソン大統領が中国を訪問し、二七日の共同声明のなかで中国の平和五原則が承認されます。引き続き同年九月には日中の国交が正常化します。まさにデタントの波が全世界へ波及していったと言えます。

洪　いや、あのときはびっくりしましたね。この事件が戦後政治情勢に与えたショックと影響は計り知れなかったように思います。

まずショックのほうですが、南北両朝鮮はヴェトナム戦争に深くコミットして直接間接に参戦していましたから、かれらのまったく知らないところで、むしろかれらの背後で周到に準備された中・米の「同盟関係」から受けた衝撃は計り知れないものがあったと思います。とりあえず七二年の「七・四共同声明」を出して休戦状態を宣言し、さらにこれからは協力して平和的に統一を達成しようとまで言いあいました。ところがこの誓いは、翌七三年八月に金大中氏（その後、韓国大統領）が韓国政府によって拉致されると、いともたやすく反故にされてしまいます。これは「ニクソン訪中」によって始まる、デタントの波に翻弄されている南北両国の混乱ぶりを最も顕著に示すものでした。

金　北朝鮮から見れば、これまでの統一条件に大きな穴があいてしまうことになりましたね。中・ソがあってはじめて北朝鮮の主導権が保障されるのですから。もはやこのことは望めなくなった。それで朝鮮統一についての戦略を立て直さなくてはならなくなりましたね。

朝鮮統一戦略の立て直し

洪　おそらく北朝鮮は、一九六五年に金日成がインドネシアでも発表した朝鮮統一についての「三大革命力量論」をもう一度強調することにしたのではないでしょうか。北朝鮮では朝鮮統一のために強い党と政権を建設し、強い軍を維持すること、そして経済を立て直すこと。南では引き続き民主化闘争を強化して朴政権を倒し、アメリカ軍を追い出すこと。三つ目には世界の世論を味方につけること。こういうことですね。

金　統一は長期戦になるという認識ですね。

洪　当初は金日成も崔庸健（金日成時代の北の第二人者）も一九六〇年代末までに、遅くとも金日成が六〇歳になるまでには統一を達成してみせることを公に宣言していました。しかし、いまやそれは危ういとわかってきました。長期戦になると自分たちは老いて、もはや革命を達成できないと自覚したのです。そこで登場するのが「三大革命力量論」であり、それはまた革命の後継者問題として表れたのです。これが一つの、そして最大の条件というわけです。

三大革命運動と後継者金正日

金　それでは具体的にこの難問を解くのに北はどのような政策ないし対応を講じたのですか。

洪　まず金日成は政治制度から手をつけます。それまではなかった「国家主席」制を設け、そこに絶対的国家権力を集中する「新社会主義憲法」をつくるわけです。同時に党と軍の実権を金正日に集中させるための大衆動員運動を、全北朝鮮住民を巻き込んで展開していきました。この大衆運動を「赤旗三大革命運動」と言いまして、工業部分で「思想・技術・文化」の三つの革命を達成することを指します。この運動は「千里馬運動」をより進めた大衆の努力競争運動ですが、一九七三年二月に金日成が発表し、さらに一九七五年一二月から金正日が総指揮にあたりました。この過程で金正日を金日成の後継者として、その地位を不動のものにしていくのです。

金　党・政府・軍の最大の懸案である後継者問題を解決するために、まず一九七二年に主席制をともなう社会主義憲法をつくった。そしてそれを朝鮮労働党と全国家機関、そして軍、住民すべてに徹底的に認識させるために「赤旗三大革命運動」という一大キャンペーンを起こす。それで首尾よく金正日を政治の表舞台に押し出したということですね。

洪　そのとおりです。

金　南も北と似たことをしていますね。朴正熙大統領は、いわゆる「維新憲法」というものをつくり出して長期独裁体制をしいていきます。

洪　ところで、北の韓日条約を見る視角なんですが、一九五〇年に北が南を突然侵略し、その反動で日本の再軍備を許してしまった。そして一九六五年に韓日条約が結ばれてしまうと、韓日条約は紛れもなく軍事条約であり、いずれアメリカと韓国と日本の三者で報復してくるに違いないと、北朝鮮では確信していました。そこで北はずっと軍を強化してきていますが、このことは一九七〇年代になってもいささかも変わりありません。七三年九月、金日成はペルーの代表団との談話のなかで、のちに殺害されたチリのアジェンデ大統領に対して「革命を行うためには軍隊を掌握しなければならない」と忠告したと述べています。軍においても赤旗三大革命運動を全軍規模で展開し、軍の最高指導者としての金正日の立場を固めていった背景にはこうした認識もあったと思います。

北朝鮮の経済状況

金 次に、当時の北朝鮮経済の状況ですが。

洪 北の経済が一体どのような状況にあったのかについては、信頼できるデータは見当たりません。西側との経済交流の実態はどうでしょうか。

金 一般的な話ですが、たとえば二〇〇二年九月にソウルの白山書堂から出版された『北韓の外交政策』によれば、一九七四年には西側との交易総額は八億七四〇〇万ドル、同貿易赤字が五億二九〇〇万ドルとなっており、北の貿易赤字総額の八〇%に達していますす。その後、北の経済は衰退期に入り、七七年には西側への累積債務も三〇億ドルに達しています。八〇年代に至って七四年当時の貿易水準を回復したと言っていますが。

洪　北朝鮮にとって大きな誤算があったとすれば、それは前にも話したことですが、韓日条約に対する認識にあります。金日成著作集などを見てみますと、韓日条約を純軍事的な同盟条約と見ているのですね。ところが一九七〇年前後、韓国が「韓日条約」をてこにして経済を目覚しく発展させ始めた。「七・四共同声明」のあと、北朝鮮の代表らがソウルに来て、南北のあまりの経済格差に唖然としてしまった。金日成は焦りました。そこで西側との関係改善に本腰を入れようとしたのではないでしょうか。

ターゲットとされる在日朝鮮人社会

金　西側とは具体的にどこをさすのでしょう。

洪　それは日本でしょう。まず抜本的に安定した資本と技術を導入でき、次に民主化闘争で社会が大きく混乱していた韓国への政治工作ができ、三つ目には日本の民主勢力と連帯して広く世界の非同盟諸国へも発信できる海外基地としては、日本以外にはありませんから。

金　なるほど日本の役割が大きいだけ、在日と朝鮮総連の役割も大きかった。『金日成著作集28』（朝鮮・平壌外国文出版社、一九八六年）を見ますと、一九七三年には在日朝鮮総連幹部たちと在日商工人団体代表たちを何度も平壌に呼び寄せては、任務を与えている様子が伺えます。この二八巻は在日オンパレードの観があります。

洪　朝鮮総連には性別・職業別・年齢別に分けられた多くの団体が傘下に入っていまして、そのなかでも商工団体はいやしい資本主義社会のブルジョワジー集団だということで、最下位に序列づけられていました。ところが金日成は一九七三年に二度にわたって商工団体代表団を平壌に呼び、「あなたたちは実に愛国者で、進歩的である」「これからは祖国と民族のための愛国事業に積極寄与すべきである」と教示を行います。

金　それに対して在日商工人側も積極的にこたえていますが、一九七三年教示のあとに、朝鮮総連が見せた対応はどうだったでしょうか。

在日商工人を平壌が直接指導

洪　まず朝鮮総連は、在日商工人たちが朝鮮総連組織の愛国的基本群衆であると宣言するようになります。そして、これまでは平壌からの教示は必ず朝鮮総連中央を通して行ってきたのですが、一九七〇年代の後半からは、必要に応じて金日成・金正日が直接に朝鮮総連参加組織の中央ないし地方の組織を平壌に呼んで、指導や教養事業（洗脳教育）を行うように変えていきます。これは一九七三年から始まる「赤旗三大革命運動」の指導様式が従前とは異なり、大衆団体の中央を通すことなく、党中央（金正日）が直接唯一的に各団体を指導するようになったからです。

次に朝鮮大学生の卒業後の進路指導のことですが、かれらはこれまでは朝鮮総連の基本組織の活動家か各地の朝鮮高校の教員として派遣されていました。それが大挙して商工団体や各地の信用組合「朝銀」に派遣されるようになり、それまで役職に就いていた日本の大学出身者たちにとって代わるようになります。

もう一つ、七〇年代の後半から八〇年代の前半までに、朝鮮総連の各支部・各地方本部の副委員長に必ず商工団体代表が入るようになり、最後に朝鮮総連中央の副議長の席に商工団体代表が据えられました。

朝鮮総連の変容と「合営法」

金　一九八〇年代の半ばに、私たちの研究所で、大阪の同胞帰化者の実態を一年間追跡調査したことがあります。調査の結果、帰化者のほとんどは生活が貧しいこと、そして子どもが小学校に上がるようになってから初めて帰化をしていることなどがわかりました（『帰化』上巻、晩聲社、一九八九年）。

朝鮮総連はもともと、貧しい在日大衆の利益を守るということで成立したのですが、すでに七〇年代半ばから大きく方針を変え、かれらには何の関心も示さなくなり、対策も施さなくなりました。それで朝鮮総連からも見放された若者たちが「在日の人権」を求

洪　めて立ち上がるようになった。その場合でも朝鮮総連は高みの見物でしたね。

朝鮮総連は二つのことを成し遂げました。一つは一九六〇年代はじめの帰国事業と朝鮮総連の朝鮮労働党下部組織化、もう一つは七〇年代半ばからの在日朝鮮人の経済的基盤の取り込みです。この二点のうち後者については、平壌と朝鮮総連は七三年から八三年までの一〇年間にわたる準備期間のあと、八四年九月に「合営法」を制定します。

金　合営法とは合弁法のことですが、同法は「世界各国との経済・技術の交流及び協力を拡大・発展させる」ことを目的としているとのことです。具体的には、北と他国の企業ないし個人の共同出資・共同経営に関する法律です。また合作会社というものもありますが、こちらは北と外国資本が共同出資するものの、その生産と経営は北が担当して投資家は利潤のみ受け取るというものです。この合営法は八五年から施行されます。

一九八五年からはじまった「合営事業」の件数は、八五年には六件、八六年八件、八七年一二件、八八年八件、八九年一九件となっています。国別にみますとソ連九件、中国二件、ポーランド一件、ハンガリー一件、モンゴル二件、フランス一件、シエラレオネ二件、ブルキナファソ一件、ガーナ一件、ザンビア一件、タンザニア一件、中央アフリカ一件、在米僑胞三件、在日商工人二七件の合計五三件となっています（イルシン社会科学選書26、ソウル・イルシン社、一九九九年）。

洪　外国が一二カ国、あとが在米同胞と在日商工人となっていますが、在日商工人以外が二六件で、在日が二七件となっていますね。

金　しかも一九八七年には、一四〇カ国の西側債権団によって債務不履行国家として公式に宣言されており、合営事業も八八年には国際的に破綻しているのではないですか。

洪　しかし朝鮮総連の「商工新聞」などによりますと、一九九六年一〇月三日から五日まで、平壌では「総連経済合営代表団」の参加のもとに「朝鮮国際合営総会社」の第九次理事会が開かれております。

そして八五年から一〇年間に、在日の「合営」会社が四一社、「合作」会社が三五社設立されていて、総契約金額は一億四八一六万三〇〇ドルとなっています。合営会社は実際には一〇〇社を超えているのですし、契約金もそれを超えているのは確かです。

しかし合営事業は八八年ごろには国際的に破綻したとなりますと、破綻後もなお在日商工人たちによって、せっせと合営事業が続けられていたということですね。

しかも合営事業が、西側からはフランスただ一カ国だけであることを考えると、そもそも最初から合営事業が在日商工人だけを標的にしていたという事実が鮮明に浮き上がってきますね。

金　ところで、合営事業に参加していた方々はいまどうなっているのですか。

洪　ほとんど放棄して手を引いている状況です。

金　それでは合営事業のこのような現実について、北ではどう説明しているのでしょうか。

洪　まず北では、自分たちは資本主義社会の市場経済原理を知らなかったと言っています。このようなことは何も九〇年代に入って言っているのではなく、七三〜七四年に在日商工人との談話のなかで金日成が、自分たちは資本主義社会の経済の仕組みも経験もないので、在日商工人たちが祖国に来て教えてくれと言っています。九〇年代に入ってもなおずっとそのように自己弁解していることになります。

金　ところで北朝鮮では、実際にはどのような生産システムをとっているのでしょう。

洪　私は、モランボンの有名な工場などを見学したことがあります。また数万坪の敷地があるという工場を見学したのですが、そこには多数の工場が並んでいました。ところが各々の工場は自力更生だと言っては、まったく同じ製品を一つの部品から完成に至るまで独立して作っているのです。そして各工場は運送手段まで別々にもっているのです。

合営事業が失敗した原因

金　隣同士の工場がまったく同一のものを生産していて、しかもその運送手段まで別々にもっているということですか。

洪　そうです。しかも驚いたことですが、どこの工場に行っても「自力更生」のスローガンの下に、機械製造にしても「子作り運動」といって、その工場にある機械とまったく同じものを、別の工場でも作っています。

金　これはおそらく戦時生産様式でしょう。もし爆撃を受けて工場が破壊されたとしても、一つでも残された工場があれば、そこで同じものを生産できるという仕組みではないですか。

洪　戦時ならそれは有効な方法でしょうね。しかし平時での合営事業で生産をしようとすると、さまざまな部品や工業製品が必要です。これらのものを一合営企業がすべて同一企業内で備えることは不可能です。

金　ところで合営事業をはじめる前に、事前の調査として、生産の具体的様式だとか労働者の質だとか、企業活動に必要なさまざまな条件や販路などを確認しなかったのですか。

洪　それはできませんでしたね。なぜなら、北朝鮮のほうにさまざまなことを伺うと、何でも「できます」という答えが返ってくるのです。しかも北朝鮮は、当時の韓国をはるかに凌駕しているから、できないものは何もないと言うのです。北朝鮮の当局者が金日成の委任のもとに確約しているのだから、みな信じないわけにはいかなかったのです。また在日の企業家のほとんどは「土建業」が多いから、よくわからなかったのも事実です。

金　北朝鮮の一般労働者の様子はどうでしたか。

洪　見学に行くと、どこの工場でも労働者たちはたむろしていて、たばこを吸ってくとさっと散ってしまいます。あとは責任者が一方的に説明していました。

金　それでは、合営企業はどのようにスタートしたのですか。

洪　まず最初に、在日のほうからは生産プラント一式を、たとえばドライバー一つに至るまで、何から何まで持っていきました。それで生産に入るんですが、もし部品が故障すれば日本から取り寄せなければならないのです。

金　部品を取り寄せる間はどうするのですか。

洪　工場はその間休みます。それでも一回や二回なら別ですが、何回も休むうちに生産が成り立たなくなって、その企業は結局閉鎖するようになりました。

金　だいたいどういうプラントを持って行くんですか。

洪　それは常に日本の先端技術を持って行くんです。それらの部品、薬品は北ではいっさい生産されていないものばかりです。またもっと早い時期、一九五九年からはじまった「帰国事業」の折にも、多種さまざまな技術者集団を結成して、当時日本でも最もすぐれた最先端プラントを持って行きました。金日成生誕六〇周年に際しても非常に多くの先端機械を送りました。ところがそれらの機械のほとんどは野ざらしになっていたのです。北朝鮮では使いこなせなかったからです。

金　それでは合営企業の生産品はどうなったのですか。

洪　これも合営事業が失敗した理由の一つですが、合営事業で生産した商品の需要が、北にはなかったのです。

金　海外市場だってあったのではありませんか。たとえば中国など。

洪　たまにはありました。

金　その代金はどうなるのですか。

洪　その場合は党の幹部が来て、回収していきます。

金　では新しい生産のための資材はどうするのですか。

洪　すべて日本からその都度、在日の合営者が送ります。

金　それでは日本国内で生産しているようなものではありませんか。なぜそうなるのですか。

洪　日本からの合営事業の参加者たちは、そのほとんどがかつて北朝鮮に帰国した肉親をもっている人たちです。その肉親の生活のために、合営事業に参加したのです。それでずっと自己負担していたのですが、こちらにも経済的に限界がありますから、資金が途絶えるとその合営事業はつぶれたのです。それに北朝鮮は合営事業に際して、たえず党の中央や道（日本の県に相当）段階の幹部たちが莫大な政治献金を求めたのです。

金　むしろその方面に莫大な献金がなされたのでしょうか。

洪　この際限なく求められる政治献金問題も、合営事業が成り立たなかった一つの理由です。一九五九年からはじまった帰国事業の折に私の知人のところでも、一人の青年が帰国しました。彼は九州の大学で機械工学を学んでいましたが、祖国のために貢献したいと帰国しました。しかしその技術を生かせる場は北朝鮮にはなかったのです。

ちょうど朝鮮総連からの合営事業の呼びかけがあった折、日本に残っている親のほうへ、北朝鮮に帰った子どもから、北朝鮮には過去に帰国者集団が持ち帰った機械や、金日成六〇歳の記念時に日本から送られた多くの機械が野ざらしになっているので、それを修理する工場を作りたいと言ってきました。親は資力もあるほうだったので、合営事業に乗りました。莫大な資本を投資して北に一万平方メートルの工場を建てたのです。ところが修理し鉄道で遠くまで送り返した土木機械も、それを動かすディーゼル用の軽油がなかったのです。北朝鮮では土木機械も電力で動かしていたのですが、その電力がないか、すでに土木工事の必要がなくなったりして、国内の需要がなくなったのです。

洪 それなら中国に進出しようではないかという話になりました。

金 それはよい着眼ではありませんか。それで中国のどこですか。

洪 中国東北部の瀋陽に作ったんです。もちろんその設備一式は、すべてまた新しく、日本から送りなおして作りました。ソビエトにも作ったといいます。そこはすごくうまくいって成功しました。

金 それはいつごろですか。

洪 一九八八年ごろです。ところがある日突然、北朝鮮の当局が息子を召還し、「思想がおかしい」との理由で、山に収容したのです。

金 山とは？

洪 山の奥にある思想犯収容所です。思想不純の理由については、その内容をいっさい言わ

金　ないのです。ただ「思想に問題がある」という北朝鮮の判断が理由になります。

洪　中国の工場はどうなったんですか。

金　土地と建物は中国のものだから、中国が没収し、設備一式は北朝鮮が中国と協議し、現金化したようです。

洪　北朝鮮の狙いは何だったのですか？

金　考えられるのは、在日の親のほうが、日本の景気が悪化して朝鮮総連や北が要求することに応えられなくなったためではないかと思います。

洪　合営事業といいますが、専門外の方たちが参加していたのですね。

金　まったくそのとおりでした。東京の三多摩、いまの西東京の朝鮮総連組織が、北でダンボール箱を作る工場を建てました。もちろん設備一式は日本から持って行っている。ところが原料となる紙が北朝鮮にはありませんでした。中国には世界中の紙が集まっているというのに、北朝鮮にはないのです。それでこの事業もつぶれました。

もう一つは京都からの例ですが、京都の商工会の有志たちが資金を集めて、北朝鮮に農薬工場を建てました。これは微生物を利用したものです。

洪　環境にやさしい農薬作りですね。

金　そうです。日本にはこのようなすばらしい技術があるとして持ち込んだんです。しかしこの農薬は一対一の農薬、つまりある特定の害虫にしか効かないものなんです。だから

金　日本でもなかなか商業ベースに乗れないものですが、北朝鮮はすべての害虫に効く農薬の大量生産を求めていたのです。それでこの合営もつぶれました。

洪　ところで合営企業で働く人たちは、どういう人たちですか。

金　ほとんどかつて「帰国」した人たちです。

洪　技術はどうだったんですか。

金　日本に呼んで研修させました。いつもどおりに必ず誰かがついて来ているのですけど。

洪　働く人たちの賃金はどちらが支払うんですか。

金　もちろん在日の人です。

事前調査をしない朝鮮総連

金　そもそもこの合営事業は、北朝鮮と朝鮮総連が組織を挙げて取り組んだものではありませんか。それなのに朝鮮総連は、合営事業に対しても北の受け入れ体制についての事前調査を行わなかった。信じられないことですが、これは「帰国事業」のときと同じですね。事前に調査する道をいっさい封じたのですから。合営事業に際してはまず、北の工業インフラ――電力、工業用水、道路、港湾設備のほかに、労働力の安定した供給などの措置は当然、前提条件となる問題ではありませんか。

洪　その工業用水のことですが、これもまったく話にもならない状態で、合営事業に参加した人たちを泣かせたものです。兵庫県の有力商工人が取り組んだ絹織物事業も、東南アジア市場を狙ったものでしたが、この工業用水の欠如で失敗しております。

金　それほど工業用水とは大事なものなのですか。

洪　絹織物の場合は、まず繭から糸を取り出すのにきれいな水が必要です。次に織り出したあとの染色のためにきれいな水が必要です。また絹はたんぱく質が強いので、水に異物の鉱物が溶け込んでいてはだめです。ところが北朝鮮の水は、異物がすごく混入していて使いものにならなかったのではないですか。

金　ところでその兵庫県の有力商工人とは、一九八三年に韓国の全斗煥大統領暗殺を狙ったラングーン事件が起こりましたが、そのとき疑惑がもたれていた方ですか。

洪　そうです。その方はもう亡くなっています。家族の方たちも、いまは北朝鮮との関係を絶っているといわれています。

金　すべての工業インフラのなかで、電力は人間にとっての空気みたいなものですが、その電力にも問題があるとのことですね。

洪　いま挙げました絹織物プラントも、工業用水のほかに電力不足で商品にならなかったと言っています。そのプラントは、すべてコンピュータシステムの最先端技術を導入したのですが、安定した電力が供給されず、ちぐはぐなものになり、商品にならなかったそうです。

金　それはどうしてでしょうか。

洪　北朝鮮は朝鮮戦争後、一貫して準戦時体制にありますから、送電線をすべて地下に埋めたのです。それが時が経つうちに腐食して、漏電が激しくなり、主な軍需産業以外には電力がまわせなくなったからです。

金　漏電しているところを修繕するか、または平時体制に戻して、地上に送電線を配備することはできないのですか。

洪　漏電部分を修繕するには、その個所があまりにも多すぎること、しかもその配線の設計図がないということです。また地上に送電線を再配備することは、北朝鮮の「先軍体制」が存続するかぎりできないことですね。

金　北朝鮮は地下に埋めた送電線が、いつかは腐食することを知らなかったのですか。

洪　いいえ、知っていたでしょう。ただ統一までの暫定設備として考えていたのではないかと思います。というのは、先にも触れましたが六〇年代末までに統一することを、故崔庸建次帥が言っているようですし、また故金日成も自分の六〇歳誕生記念日（一九七二年）までには、朝鮮統一を達成してみせると言っています。こうしたことから察すると、北朝鮮の首脳部内では、地下に送電線を埋設するのもその時点までと考えていたようです。

金　そのシナリオが狂ったということですね。

洪　そのシナリオを狂わせたのは、まさに国際情勢の変化にあったのではないかと思います。韓日条約もそうですし、国際的な緊張緩和が大きかった。

金 合営事業は非正常な事業だったといえると思うのですが、北朝鮮は最初からこのように拙劣で、何の事前調査も準備もなしに推進しようとしたのでしょうか。

金日成の一九七三年教示の目的

洪 私はそうは思いません。一九七三年の金日成の在日商工人取り込み工作と八〇年代の合営事業の狙いは希望に満ちていたと思うんです。一九七三年からの在日商工人政策の裏には、日本から資本と技術を導入するにあたって、北朝鮮には存在しない、市場経済体制での経験をもつ在日商工人を、北朝鮮の受け皿として役立てようとしたのでないかと思います。まず一九七三年五月二六日教示のなかで、金日成は在日商工人たちに、これからは生産業を起こすよう訴えています。金日成が考えた生産業とは、やがて日本からの本格的な資本と技術を導入して、韓国を凌駕する大々的な工業を、北朝鮮に建設しようとしたのだと思います。在日にはその際の受け皿の役割を担当させようとしたと思います。だから在日商工人たちも積極的に応えようとしたのだと思います。

金 デタント後の金日成は、日本との関係正常化による大々的な資本と技術の導入を考えたということですか。

洪　そうだと思います。北朝鮮が朝鮮半島の統一を武力のみで実現することは、中ソが分裂し、中国が北朝鮮の敵であるアメリカと関係を強化する国際情勢のなかでは、もはや不可能です。そこで国際政治のほうでは、非同盟諸国との関係を強化して国連で主導権を握り、経済的には韓国を凌駕することがまず望まれたのではないか。そのためには日本と国交を正常化して戦後処理を行い、その賠償金に見合う資本と技術を日本から導入しようとしたのではないですか。

金　どのような読みがあったのでしょうか。

洪　一九七一年から七二年までの間の北朝鮮と日本との関係改善はめざましいものがありました。一九七一年一一月には自民党を含む超党派の国会議員二四〇名が北朝鮮を訪問しています。七二年には北朝鮮と日本との貿易総額も四〇〇億円を超えます。しかも日本政府は北朝鮮に対してセメント・プラントの延払い輸出と、タオル・プラントへの輸出入銀行の融資を許可するほどだったのですから。

金　ところが日本との国交正常化交渉はなかなか進まなくなった。

「いけにえ」になった在日——朝銀の破綻

洪　それ以上は進みませんでしたね。そこで日本との国交が正常化するまでの間に、北朝鮮の内部で市場経済に見合う生産業を起こしながら、北朝鮮の体制維持のために必要な資金も、アブノーマルな方法ではありますが、合営事業という名目で、帰国同胞の家族の在日商工人から調達しようとしたのではなかったかと、思ったりもします。

金　なるほどそう言われますと、日本との国交正常化までの資金調達には二通りの手段がとられたということでしょうか。合営事業はその一つで、もう一つは日本国内の商工人たちを土地や株の投機に参入させ、その資金を朝銀が全面的に支援するという図式です。こちらのほうが資金調達の方法としてはメインだったと思いますが。

洪　そう言えば、一九八〇年代後半期、在日商工人の北朝鮮や朝鮮総連に対する政治献金には驚きました。それこそ天文学的な数字にのぼります。献金の単位もそれまでと違って、億とか数十億というようになりますから。このような出来事はかつてなかったことです。

金　ところが一九九一年ごろに、バブルが崩壊した。

洪　これもまた北朝鮮が予測できなかったことだったと思います。ちょうど同時期に合営事業も、多くの在日商工人たちも破綻しだし、朝銀も危うくなってきます。そこで今度は万策が尽きたのでしょうか、金正日は平壌に朝銀の全国の理事長を集めました。

金　いつごろですか。

洪　一九九二年です。その場で、いま朝銀にはいくら預金が残っているのかと質します。そこで、二兆円ほど残っていることが判明します。金正日は、それを全部平壌に送れと指

金 示したと言われています。

洪 なるほど、そうだったんですか。一九九二年秋ごろに、私は朝銀大阪の幹部職の方から、四国の博物館に保管されているフランスのエミール・ガレの作品を見学に来ないかと誘われ、訪ねたことがあります。彼の説明によりますと、全部で五〇〇億円程度の美術品だということでした。そこで私は、誰が一体なんのために集めたのかと尋ねました。彼は非常に素朴で、その時期はほとんどの青年がそうでしたが、とても明るく、常に在日や祖国のことばかりを考えている好青年でしたから、一九六〇年代後半に私が朝鮮総連の学生組織にいたころ、彼は青年同盟の大阪府本部にいました。彼を離れたあとも親しい関係にありました。

美術品を集めた人と、その目的を確かめることができたのですね。

金 そうです。集めたのは当時の大阪商工会の副理事長だったようですが、それを命じたのは、なんとあの金正日だと言うのです。その目的は、やがて朝鮮はどういう形であれ、統一されると、その記念としてソウルに金正日記念館を建てるのに必要な美術品を集めたというのです。一九九二年当時は、ちょうどバブルがはじけてその美術品は朝銀大阪本店の管理化にありました。

洪 それで朝銀はどうするつもりだったのですか。

金 バブルがはじけて、資金がなくなっている、だから処分して現金化するのだと言っていました。ところがそのあとしばらくして阪神大震災が起き、多くの美術品が壊れてしまったと、あとで聞かされました。

洪　まるで在日のはかない戦後の夢のあとを象徴するような話ですね。

金　私はこれらのすべての戦略は、金日成、金正日、韓徳銖が計画したもので、あとの人たちは、それに踊らされたにすぎないような気がしています。

洪　私も同感です。金日成と韓徳銖の戦略に、在日は戦後営々と築いた経済的基盤も、また多くの有為な朝鮮総連や在日商工人、そしていま話にありました朝銀大阪の方も、かけがえのない自分の青春や人生を狂わされてしまったのです。

金日成、韓徳銖の戦略は、自分では何も作らず、他国や他人をあてにしたものです。当研究所から発刊された『方法論としてのヘーゲル哲学』（晩聲社、一九九五年）の言葉を借りれば、在日の悲劇は金日成を唯一の「世界精神」とあがめ、踊らされ、狂わされたところにあったと痛感します。

【二〇〇三年六月八日】

対談を終えて―― 朝鮮大学生集団帰国事件の意味するもの

一九七二年春、二〇〇人の優秀な朝鮮大学生たちがあわただしく北朝鮮に帰国している。そのなかには私の周辺にいた何人かの若者も含まれていた。今でも私は折に触れてふとかれらのことを思い出しては、今ごろどのように暮らしているかと案じている。

このたび洪さんとの対談を契機に、かれらのことについて少し整理してみた。
・朝鮮大学生のなかで、どのような学生たちが帰国したのか
・かれらは帰国後、どこで何をしているのか
・かれらは在日朝鮮人同胞といかなる関わりをもつのか

1 帰国学生の共通点と帰国まで

まず、帰国学生たちにはその家庭事情において多くの共通点をもっている。たとえば、
①朝鮮総連の熱誠者ではなく、むしろ民団（韓国系団体）に近いこと
②商工人であること
③母親が日本人でもよいこと
④成績が優秀でも家庭が貧しいこと
⑤朝鮮大学入学以前に日本の教育を受けたことがあること
などだ。

次にかれらは自由意志によってではなく、指名・説得により帰国したということである。

かれらは一九七一年の冬休み中に突然朝鮮総連中央によって選別指名され、朝鮮大学当局で

はなく朝鮮大学関係者の「学習組」メンバーらによって、金日成還暦祝賀の朝鮮大学生代表団員になるよう説得され、帰国しているのである。多くの帰国学生の民族的教養準備は、入学後の「一〇〇日間戦闘」期間を通じて朝鮮語が読み書きできるレベルに達していた。

かれらは一九七一年一一月から始まった朝鮮総連の「一五〇日間革新運動」期間中に、「思想動員」(意識改造)されている。ほぼすべての学生が寮生であった朝鮮大学では、この期間中にすべての学生が金日成の命令にはいついかなる場合にも無条件で忠誠を尽くすことを宣誓するキャンペーンを行っていた。金日成に無条件で忠誠を誓う人間を「主体型人間」という。帰国学生らはこのようなキャンペーンを通して「思想動員」され、帰国したのであった。

2 帰国学生の落ち着き先「三大革命小組」について

帰国学生は三大革命小組となっていると言われるが、そもそも三大革命とは何を指すのか。北朝鮮の出版物によれば、「思想・技術・文化の三大革命は社会主義・共産主義建設の総路線である」(『哲学辞典』三六〇頁、平壌・社会科学出版社、一九八五年)。北朝鮮においては、社会主義制度が成立して以来ずっとこの三大革命を推進してきたのであり、たとえ今後朝鮮が統一されたとしても、それは三大革命にとって一つのプラス要因に過ぎず、三大革命路線は永久に不変であることを、この定義は示している。

◎三大革命のもつ内容

三大革命はいくつかの段階によって異なるが、帰国学生らが参加していたのは一九七三年から始まる「三大革命赤旗争奪運動」である。

三大革命の遂行にあたり、前述のとおり、まず小組が一九七三年に組織されて始まったが、一九七五年からは金正日の指導のもとで展開された。一九七三年一二月一一日の金日成演説(金日成著作集二八巻五五三頁、平壌・外国文出版社、一九八六年)と一九七五年三月三日の演説(同三〇巻九〇頁)によれば、思想革命の対象は北朝鮮のあらゆる組織であり、官僚主義、主観主義、形式主義、要領主義および技術神秘主義、保守主義、経験主義、修正主義、ブルジョワ思想、封建思想といった思想との戦いを通じて、全社会を金日成(主体)思想一色で塗りつぶすことが、この革命の第一課題であるとされる。このような古い思想との戦いを通して党員・勤労者と首領の政治的統一を達成し、その忠誠心と熱情をもって科学技術を大いに興し、勤労人民の文化的水準を革新しようというのがこの三大革命の内容である。

◎三大革命小組

金日成は一九七三年から始まる三大革命の推進にあたり、指導方法を一新した。北朝鮮ではすべてを党中央(金日成)のみが指導するのであるが、その指導方法は党の下部組織または勤労団体、社会団体、各種組織の中央を通して間接的に行ってきた。この制度を改め、党中央がすべての組織に対して直接指導するようにしたのである。指導要員も従来の一人か二人ではなく、二〇～五〇人の集団を送り込んだ。この集団を三大革命小組という。先に触れた金日成著作集によれば、この集団の構成員は党中央委員会と国家・経済機関および勤労者団体の活動家、科学者、青年インテリ、学生たちであり、その規模は青年インテリ（学生を含む）だけでも数万人に達している（同三〇巻一六頁）。

◎三大革命運動の特殊性

H・アーレントは、全体主義においては綱領が空疎化し、忠誠対象自体が内容を失って抽象化すると述べている（H・アーレント『全体主義の起原』第三巻三八頁、みすず書房、一九九六年）。また全体主義における指導者はいつでも取替えのきく大衆の代表にすぎない（前掲、三九頁）。アーレントのこのような二つの批判に、三大革命は見事に応えようとしたといえる。北朝鮮における三大革命運動は、大衆とともに社会主義・共産主義の綱領的思想を構築しようとしたものといえる。

北朝鮮は、旧ソ連や中国における全体主義の崩壊が指導者の後継者問題にあるとみて、その教訓として、革命の後継者問題の解決に乗り出している。北朝鮮は一九七四年二月一一～一三日に開催された朝鮮労働党中央委員会第五期第八次全員会議で、金正日を金日成の後継者に選出している（小此木政夫編『北朝鮮ハンドブック』一一五四頁、講談社、一九九七年）。

三大革命運動は朝鮮労働党の命運をかけた後継者問題とは切っても切り離せない運動であり、この運動の真の目的は、金正日の地位確立によって体制を維持しようとしたところにある。この運動は軍をはじめ北朝鮮のあらゆる組織を対象にしており、同時に古参の党幹部を含む全住民も対象とされている。この運動を通して北朝鮮の党・軍・政権および経済機関の幹部の顔触れが金正日親衛隊で一新されたとみられる。この激しい権力闘争に、北朝鮮に何の縁故ももたず、北朝鮮においては好ましくない出身成分に属する二〇〇人の帰国朝鮮大学生たちが、わずか一年後にこの三大革命小組に投入されたのである。金日成は、この三大革命小組運動を通し、そこに参加した青年インテリたちが革命的に鍛えられたと評価している（同三〇巻一〇六頁）。帰国朝鮮大学生たちを待ち受けていたであろう試練を思い、また在日朝鮮人民族教育の最高機関である朝鮮大学の未来を思い、当時の李珍珪朝鮮大学長は、「これでは朝鮮大学から学生がいなくなる」と言って反対したのではなかったか。

3　帰国学生と拉致日本人

一九七二年の帰国学生たちは、一九五九年から始まった帰国事業での帰国者集団とは明らかに異なる。一九五九年の帰国者集団は日本との関係で言えば、在日の過去を代弁する人々であった。しかし、帰国朝鮮大学生たちはいまの在日を代弁する側面をもつ。それは、いまなお在日の民族的文化や就業先が不安定である日本社会の差別性を投影しており、またその反動としての朝鮮総連の全体主義的プロパガンディストの立場を反映している。

しかし、かれらがどのような背景と性格を背負わされようと、かれらは在日の家族である。かれらは自由意志による帰国ではなく、しかも現在、北朝鮮において自由な思考と移動の自由を奪われ、政治的迫害の対象になっていることは事実であり、このことは在日にとって「人質」以外の何ものでもない。ここに、在日が北朝鮮によって拘束されている理由がある。

在日にはもう一つ銘記しなければならないことがある。それは、近年顕在化している日本人拉致問題である。これも帰国学生問題同様、その行為の主体は北朝鮮という国家であり、その行為は北朝鮮の政治体制の自己表現という点で共通点をもっている。在日にとって日本社会・日本国民は現実的に共同の社会構成員であり、もはや第三者ではない。もし、今後もこの問題について、いまのように在日が沈黙を続けるならば、在日は日本においてどれほど自己の民族的・文化的権利を主張したとしても、日本社会・日本国民、ひいては国際社会からの理解と共感は得られないであろう。

在日の人間としての良心と尊厳、さらに国際的協同という視点からみるならば、帰国学生の問題と日本人拉致問題は通底するものをもっており、これから在日がこの問題をどう理解し、どう対応していくかは、今後の在日社会の存立に直結する課題となるであろう。

【金定三】

Ⅲ　「帰国事業」の環境

帰国運動の歴史的環境を問う

佐々木隆爾

いま問うべき問題はなにか

帰国運動の歴史を理解しよう

いろはカルタに「聞いて極楽、見て地獄」という一句がある。日本から北朝鮮に渡った「帰国者」の思いもこれに近かったことは、いまでは容易に想像することができる。その人々の無念の思いやその後の痛苦を思うと、われを忘れるほどの怒りに駆られる。しかし、それがどれほどつらいことであろうとも、私たちはこの問題を歴史のなかに位置づけ、なぜこのような事態が起こったのかを理解するだけの冷静さと理性をもたなければならない。いま私たちが激情に身をゆだねるならば、東北アジアの平和は破壊され、憎悪と怨恨の連鎖反応がひろがり、未来への希望は粉砕されるであろう。この世の「地獄」をもたらした者がどれほど没義道に見えようとも、かれらもまた普通の人間であり、悪魔として生まれついたわけではない。歴史的状況が人をこのように変えたのであり、状況が変化すればかれらもまた「隣人」に立ち返るはずである。この歴史的状況を理解することが、遠くない未来に北朝鮮をも組み込んだ和解と信頼の東北アジアを構築するカギとなるに違いないのである。

およそ半世紀前、サンフランシスコ対日講和会議の席上、フィリピンの全権代表カルロス・ロムロは、

> 日本とフィリピンが隣人として共存することは神の定めた宿命である。そのため軍国日本の犯した罪悪を忘れることはないが、今は和解と信頼の関係に道を開くことを決意する。この時にあたり憎悪の牙が再び研かれることのないよう切望する

と述べた。悪夢のような日本軍の占領が終わってわずか六年後に、これほどの冷静さと寛容の精神を発揮できたロムロに、改めて尊敬の念を覚えるとともに、この精神が日本に国際社会への復帰を許し、その後の発展を可能にしたことを痛感させられるのである。いまや歴史は私たちに、ロムロの洞察力をもって日本と北朝鮮との関係を律し、東北アジアの未来を築くよう求めている。私たちは憎悪の牙を研ぐことなく、冷静に歴史を振り返りたいものである。

帰国者は九万人にのぼった

在日朝鮮人（日本人妻も含む）の帰国問題を考えようとすれば、それが一九五〇年代末から始まることに注意しなければならない。ここではさしあたり、第一次帰国船の日本出港が一九五九年一二月一四日であったことを想起しておきたい。この時期は、いまから振り返れば、まさに激動の時代であった。日本を含む関係諸国の政治指導者たちがいだいた夢と現実は、それぞれ大きく食い違い、転換に次ぐ転換を余儀なくされた時期である。帰国運動が軌道に乗った直後の一九六〇年、日本では「六〇年安保闘争」の結果岸内閣が倒れ、韓国では「四・一九革命」で李承晩政権は崩壊した。北朝鮮では政権の交代は見られなかったが、一九六〇年に顕在化する「中ソ対立」や、一九六五年に中国で開始される「文化大革命」の与えた衝撃は大きく、一九五〇年代に立てられた方針や展望の大転換が迫られたのである。こうした転換によって帰国運動に予定された役割も二転三転させられ、帰国者たちの夢がうち砕かれるのである。しかし、この運動は、一九五九年の開始からほぼ二〇年間に九万人以上が北朝鮮に帰国するという大規模なものになったことを忘れてはなるまい。それはまさに「民族大移動」と呼んでよいほどの歴史的事件だったのであり、多くの記憶と教訓を歴史にきざみつけたのである。

この記憶と教訓を事実に沿って汲み取ることが、いま私たちに求められているのではないか。それによって東北アジアの民族の平和的共存と相互支援のありように、多くの示唆が得られるのではなかろうか。これが本稿の課題である。

在日朝鮮人社会の文化的成長と帰国事業

帰国者は「文化移民」をめざした

一九五九年にはじまる帰国事業は、戦前の日本で大規模に進められた農業移民や「満洲」に送られた「武装移民」とはまったく性格の異なるものである。戦前日本の場合は「過剰人口のはけ口」を求めたものであるが、帰国事業は「文化移民」とでも呼ぶべきものであり、これに参加した在日朝鮮人は、計画した側の意図はともかく、主観的には日本で身につけた教育・文化・技術・財力等を「祖国の建設」に役立てるという誠に建設的な熱情に駆られていたのである。

これを理解するためには、一九五〇年代後半の時期に在日朝鮮人社会がどれほどの成熟に達していたのかを概観しなければならない。占領期に成立した吉田内閣は講和後も引き続き在日朝鮮人に対する抑圧政策を続けていた。サンフランシスコ平和条約と日米安全保障条約発効の当日である一九五二年四月二八日、政府は外国人登録法を公布し即日施行した。これは登録者に指紋押捺と外国人登録証の常時携行を義務づけ、違反者に重い罰則を科すものであった。また、吉田内閣はこれらの条約が発効したことにより、在日朝鮮人が日本国籍を喪失すること、朝鮮人のうち旧日本軍傷痍軍人・軍属の恩給法・援護法の適用を中止すること、これまで在日朝鮮人の子どもに義務づけてきた日本の小中学校への入学は、今後その義務はなく、「条約の恩恵として」申請者に日本の学校への入学を許可することなどを決定した。

在日朝鮮人は文化的成長をめざした

これを契機に在日朝鮮人は、日本という環境のなかで、朝鮮文化を育成する社会集団として発展を遂げるという路線を取るようになる。その前提条件は、在日朝鮮人が日本社会のなかで安全に住み続けられるという保証を得ることであった。その背景には、当時進行中であった朝鮮戦争の人的資源として在日朝鮮人が徴兵されたり、韓国に強制送還されたりするのではないかという報道がなされ、これらに対する危惧が高まっていたという事実がある。そのため一九五一年一月に結成された在日朝鮮人の統一戦線組織「在日朝鮮統一民主民族戦線」(民戦)代表は、一九五二年一〇月、法務省鈴木入国管理局長と会見し、外国人登録法に従って再登録した在日朝鮮人の名簿を李承晩政権の徴兵制に利用しないこと、在日朝鮮人に国籍選択の自由を保障すること、一九四五年以前からの居住者に永住権を認定し強制追放の対象にしないこと、悪質な犯罪者以外には外国人登録法による国外退去などの罰則を適用しないことなどを申し入れ、それらを確約させた。これによって在日朝鮮人社会は、朝鮮戦争が進められるなかでも、これに直接巻き込まれることなく、独自の文化的集団として存在することが可能となったのである。

「平和一〇原則」の影響

この条件が生かされるようになるのは、一九五四年六月、中国の周恩来首相とインドのネルー首相の間で「平和五原則」が取り交わされたあとである。そのなかでは中国とインドの両国が相互に内政に干渉せず、主権を尊重しつつ協力するという「平和的共存」の思想が強調されたが、これは在日朝鮮人社会にも大きな影響を与えた。この影響のもとで、民戦のなかに、日本政府との実力行使をも含む闘争を進めるというこれまでの路線を転換しようとする動きが高まった。ここで押し出されたのは、在日朝鮮人の団体は日本の内政に干渉せず、同時に日本に居留する在外公民としての権利を保障するよう求めるという方針に立つべきだとする路線である。一九五五年五月、在日本朝鮮人総連合会（以下、朝鮮総連）が結成されたが、それはこの風潮を受けたものであった。結成大会でなされた一般方針についての報告

（報告者李季白）では、一カ月前の四月に行われた「アジア・アフリカ会議」に触れて次のように述べられている。

朝鮮総連結成時の心がまえ

「世界総人口の過半数をしめるアジア・アフリカ地域諸国代表が、数百年間つづいてきた帝国主義者たちの植民主義に反対し、民族の独立をまもるという共通の念願のもとに、それぞれ社会制度がことなるにもかかわらず、はじめて席を同じくして語りあうことができ、戦争に反対し、経済文化交流を促進させるなど、相互間の利益を尊重する現実的な諸問題から出発して、平和五原則を十原則に発展させた歴史的な宣言書を発表しました。」（編集人金達寿『新朝鮮』第八号、新朝鮮社、一九五五年九月一日発行）と。

民族文化の発展をめざす

これを受け、「共和国公民の栄誉とその権利擁護のために」の章では「職業と生活保障を要求して頑強に闘おう」「強制追放、強制収容、いわゆる韓国の国籍の強要等、基本的人権の蹂躙に反対しよう」という項目に続いて、「全人民的民族文化を発展させよう」という項目が置かれ、その具体的内容として1「広汎な文盲[ママ]退治啓蒙運動を展開させよう」、2「文学芸術の創作と普及をより活発に組織しよう」、3「科学、学術、評論活動を組織しよう」などの項目が挙げられた。とくに3の項目では、「運動が転換されて以後、自然科学者たちは自らの技術を祖国建設に捧げたいとの熱情から積極的な帰国運動を展開していますが、この運動はゆくゆくより広はんに展開されねばならず、それの実現をたたかいとらねばなりません」とされ、朝鮮総連の運動の目標には在日朝鮮人の文化活動の促進とともに、その成果を祖国の建設に役立てるという立場が取られていたことを示している。

民族教育の強化をめざす

これに続いて「民主民族教育を強化発展させよう」という項目が置かれている。ここでは在日朝鮮人青少年一二万人のうち約三万人がすでに民族学校で教育を受けているという事実をもとに、民族学校の建設・運営を全同胞の事業として推進することを提案している。すなわち、「学校新築、増築運動は教育関係者のみで決定することをせず、全機関と全同胞の統一された意思と熱情をもって計画推進し、日本国民と地方権力機関にたいしても広はんな支持と協力をかちとるよう努力すること」とされ、青少年の教育が朝鮮総連運動の最も重要な柱であることが強調されているのである。

信用組合活動を重視

また、「経済および商工活動を強化しよう」という項目では、民族的差別待遇と企業活動に対する不当な侵害に反対し、「融資、販路、営業権等を確保し、さらに日本とソ同盟(ママ)（ソ連のこと…佐々木註）、中国ならびに祖国との自由な経済交流のため努力すること」が「全商工人の死活問題」とされ、「信用組合の活動はそうした角度の上に、より拡大発展させねばなりません」と結ばれている。信用組合活動の拡大もまたきわめて重視されているのである。

平和共存をめざす

このように出発当初の朝鮮総連運動は、教育事業・信用組合活動を柱として、文化的で豊かな在日朝鮮人の育成をめざしたのである。これに先立ち民戦は、従来の政治的偏向を自己批判して解散を宣言した。朝鮮総連は綱領に「朝鮮民主主義人民共和国の海外公民団体」であることを明記し、「祖国の平和的統一と独立」および「両陣営の平和的共存」をたたかいとる方向で「適合的な闘争方法と組織形態」に変えることを明言して発足したのである。この路線の転換は、米ソ「雪解け」外交や日ソ国交回復の動きとあいまって、鳩山内閣（一九五四年一二月成立）が、吉田内閣の取ってきた在日朝鮮人組織に対する抑圧的な政策を緩和する契機となった。

公認された朝鮮学校

このような状況のなかで、朝鮮総連発足の少し前から、各都道府県では各級の朝鮮学校を認可する動きが現れはじめた。たとえば一九五五年四月、東京都知事は東京朝鮮学園を準学校法人として設立することを認可した。この結果、同年四月一日から第一～第九朝鮮初級学校が認可され、開校した。また京都朝鮮中級学校・茨城朝鮮中級学校にそれぞれ高級部が新設された。三重県四日市市には朝鮮初中級学校が新設された。これらはその後に続く朝鮮各級学校の認可や新設の端緒であり、朝鮮総連の綱領第四項にかかげられた「われわれは在日朝鮮同胞子弟に母国語と文字で民主民族教育を実施し、一般成人達の中にのこっている植民地奴隷思想と封建的遺習を打破し、文盲（ママ）を退治し、民族文化の発展のために努力する」という目標を具体化したものである。一九六四年現在では朝鮮大学（五六年四月創立）をはじめ朝鮮初級学校約九〇校（初中級学校を含む）、中級・中高級学校一二校があったことが確認されている。一二校のなかには大阪の「白頭学院建国小中高校」も含まれている。

朝銀信用組合が続々と結成された

在日朝鮮人による信用組合は、すでに一九五二年六月、朝銀東京信用組合（発足時は同和信用組合）、八月、朝銀兵庫信用組合が発足し、同年一一月には各地の組合の連絡組織として在日本朝鮮信用組合協会が結成された。朝鮮総連の結成後には、その方針に刺激され、朝銀福島信用組合、同大阪信用組合などの創立があいつぎ、一九六四年度には、朝鮮総連系信用組合は、日本全国各地に二二の本店と三二の支店を持つようになった。その組合員数は六万一〇〇〇余名、出資金総額一一億三六八〇万円、預金総額は一七〇億三八二〇万円にのぼったとされている（『統一朝鮮年鑑』一九六四年版、統一朝鮮新聞社）。

在日朝鮮人の民族文化は日本文化に対する刺激に

以上は大まかなデータにすぎないが、これを見れば、一九五〇年代末には在日朝鮮人が教育と経済の基盤をほぼ築き上げ、日本のなかで朝鮮語と朝鮮文化を育てる社会集団として、内外にその存在と意義を認められる状態に達していたことがわかる。それは、日本文化の面から見れば、朝鮮文化とつねに接し、たがいに刺激し合える窓口を持ったことになり、異なる文化の間の平和共存を進める重要な接点を手に入れたことを意味した。さらにそれは、日本文化につきまとってきた独善性や閉鎖性を打破するきっかけとして、大きな歴史的意味をもったはずなのである。

祖国建設への貢献を期待して

帰国運動は、在日朝鮮人の社会的基盤が強まることと並んで始まった。帰国して祖国の建設に貢献したいという自然科学者がいたことは、すでに朝鮮総連が結成されたときの「一般方針」報告で指摘されていたが、これは一部の「先進事例」を挙げたものである。大衆的な帰国運動が組織される契機となったのは、五六年四月、金日成が朝鮮労働党第三次大会で、「在日朝鮮学生達が共和国北半部へ来て勉強する事を望むなら、何時でも歓迎し、国家費用で……衣食住と学費の一切を無償で与える事を政府が決定した」と報告したことが日本に伝えられて以後である。この報告が若者を惹きつけたのは、北朝鮮での教育復興事業がきわめて順調に進んでおり、帰国後の知識人や若者に有意義な職場を保障するに違いないという確信がひろがっていたからである。その根拠の一つは、在日朝鮮人学校PTA全国連絡会の機関誌『民族教育』第四号（日本語版、五四年一月）に掲載された北朝鮮（朝鮮民主主義人民共和国）教育相白南雲の論文「すでに破壊の九〇%を回復　戦後復興三ヶ年計画の基礎を固む」である。論文はこの時点の北朝鮮の教育状況について、「われわれは、すでに……戦前

〔朝鮮戦争前〕の各級学校の七八％を修復し、学齢児童の九七％を収容し、……一九五六年には人民学校を四二三八校にふやし、……初級中学を一一六三校、つまり戦前の一三五％にふやし、高級中学を三〇一校、つまり戦前の一〇五％にふやし、大学を一八校、つまり戦前の一三五％にふやす基盤をうちかためた」とし、「今後の教育事業においてさらに広く先進科学理論と技術を取り入れ、われわれの後代を自覚あり熱誠ある建設の人材に育成するために、さらに熱心にたたかいを進めている」（『民族教育』第四号、八頁）とされていたのである。これは北朝鮮が科学・技術の面で先進国化をはかっており、また教育復興のための多くの資金と人材を求めていることを示す強烈なメッセージであった。さきの金日成報告は、その真意はともかく、在日朝鮮人には、このような教育復興運動の一環として理解されたのである。さらに翌一九五七年四月には、北朝鮮から在日朝鮮人教育援助および奨学金として日本円に換算して一億二〇〇〇万円余の資金が送られ始め、同年一〇月には一億円余、五八年度には二億円余、五九年度には三億円弱、六〇年・六一年度にはおのおの四億二〇〇〇万円弱、六二年度には五億五八〇〇万円余へと増額されたのである。これらの資金が各級朝鮮学校の新設・増設・拡充に当てられたことはいうまでもない。こうした動きが在日朝鮮人に与えた影響はきわめて大きく、多くの人々に「金日成と祖国の暖かい配慮」を実感させ、帰国して祖国の復興に貢献しようとする風潮を生み出したのである。

カルカッタ帰国協定

帰国運動は朝鮮総連の指導のもとに一九五六年から進められ、同年四月には帰国希望者が帰還船の運行を要請して日赤前に座り込むという運動も行われたが、五九年八月、カルカッタにおいて日本赤十字社と朝鮮赤十字社の間で「在日朝鮮人帰国協定」が結ばれ、帰国が実現することとなった。一年前の五八年九月八日、金日成が「わが人民は日本での生活に苦しみ祖国へ帰る希望者は何時でも歓迎する」と述べて以来、在日朝鮮人の間での帰国要請運動は一層盛り上がり、同年一〇月に朝鮮総連が行った第一次全国統一行動では五八六カ所、七万余名の朝鮮人が帰国要請書に署名したといわれている。先に述べたとおり、第一次帰国船は五九年一二月一四日、新潟港を出港し、二〇日に第二次船が、また二八日には第三次船が、それぞれ新潟港を出港した。帰国者の数は最初の一年間で約五万名にのぼり、在日朝鮮人の総数は一九五九年度の六一万九〇〇〇人から、六二年には五六万九〇〇〇人と、約五万名減少した。約一〇％の在日朝鮮人が減少したわけであるが、この数字は帰国熱の大きさを物語るものである。

北朝鮮と帰国者（一）——朝鮮戦争からの復興期

北朝鮮は労働人口を求めた

在日朝鮮人の帰国運動は、明らかに北朝鮮政府によって誘導されたものである。ではなぜ北朝鮮はこれほど大量の「文化移民」を必要としたのであろうか。それは、自ら発動した朝鮮戦争に米軍を主力とする国連軍が介入し、北朝鮮は空前の激戦と空爆に見舞われて恐るべき破壊をこうむり、その上に朝鮮人民軍の軍人約一〇〇万人、民間人約一〇〇万人が戦死・死亡した結果である。朝鮮戦争が一九五〇年六月二五日、北朝鮮型の「解放と革命」を韓国に押し付けるために、北朝鮮が人民軍の総力を挙げて韓国に侵攻して開始されたものであることは、周知のとおりである。その際、朝鮮人民軍に元在満州朝鮮人兵士が中国人民軍から移籍・配置されていたこと、ソ連から大量のT34／85戦車やミグ15ジェット戦闘機などが供与されていたことなどもいまではよく知られている。また、米韓軍を主力とする国連軍が、韓国に侵入した朝鮮人民軍を三八度線にまで追い返して原状復帰をはかるにとどまらず、北朝鮮軍と政府を壊滅させるという方針に転じ、三八度線を越えて北上・進撃を続けたために、かつてない軍人が死傷し、破壊が行われ、民間人が殺傷されるという結果を招いたことも事実である。このため大量の中国人民義勇軍が参戦し、約一〇〇万人が戦死するという結果となったし、韓国軍兵士は約八五万人が死傷し、米軍は約五万三〇〇〇人が戦死した。さらに韓国の民間人も戦火のなかで約一〇〇万人が死亡するという痛ましい結果を招いた。損害は当時の米貨に換算して北朝鮮側が約一六・四億ドル、韓国側が三〇億ドルと推計されている。この膨大な損害は、それ自体が「解放」戦争も、それに対する「懲罰」戦争も、人道に対する罪に当たるものであって、決してその目的によって正当化されえないことを、雄弁に物語っていると言うべきであろう。

朝鮮戦争による北朝鮮人口の激減

帰国運動と関連する部分で言えば、この戦争の結果、北朝鮮の人口が激減したことを指摘しなければならない。北朝鮮政府の年報の意味をもつ『朝鮮中央年鑑』(朝鮮中央通信社)一九六一年版の人口統計によれば、一九四九年末の人口は九六二万二〇〇〇人であるが、朝鮮戦争を経た一九五三年一二月一日現在で八四九万一〇〇〇人となり、一一三万一〇〇〇人(一二%)が減少していることが確認できる。人口が一〇〇〇万人に満たなかった北朝鮮領域においてこれだけの戦死者・死亡者を出したことは、社会の発展を大きくさまたげる要因になったに違いない。とくに男子人口の減少が激しく、四九年末から五三年末までの間に八〇万人が減ったのである。死亡または韓国への移住が原因と考えられる。これは、この時期の労働年齢人口のなかの最も活力ある部分が大勢失われたことを意味するものである。また朝鮮戦争時期には人口の自然増加率（出生者から死亡者を引いた数）が〇・七％に落ち込み、増加率低下の傾向は五〇年代末まで続いたため、その後上昇に向かうものの、戦後の社会建設をになうべき青壮年層の人口が希薄な状態が続いたことも明らかである。さらに統計は、一九五三年度に八二・三％であった農村人口が一九六〇年度には五九・四％にまで低下したことを示している。これは戦後復興事業のために労働人口が都市に動員されたことを意味するものである。ここでいう農村とは都市に対する地方を指す言葉であるから、この数字は農業人口だけでなく、鉱業人口など地方に位置する産業に従事する人口が、かなりの程度不足していたことを示すものと考えられる。

軍事対決のなかでの復興

朝鮮戦争後の北朝鮮における復興は、このような条件のもとで進められた。さらに戦争が休戦協定の形で終結したため、戦闘した双方の軍備削減や外国軍隊の撤退などは確定されず、休戦ラインは冷戦の最先端として軍事対決の場となった。つまり、対決する双方がいつでも戦闘再開に即応できるという態勢が取られたのである。そのため、生産労働に対して最も活動的なはずの青壮年人口層は、その相当数が軍人として生産活動の部面から切り離された。北朝鮮軍は、八万人の軍隊を削減した一九五六年以後の総数が、約五〇万人とされている。この内訳は、陸軍正規軍三五万五〇〇〇人、内務省警備隊など準軍隊約一〇万人で計四五万五〇〇〇人、海軍は七五〇〇人、空軍は三万三〇〇〇人とされている。総人口約一〇〇〇万人のうちの五〇万人（五%）が、この分野に固定されたのである（前掲『統一朝鮮年鑑』一九六四年版）。

「経済復興三カ年計画」

北朝鮮の経済復興は、一九五三年八月、朝鮮労働党中央委員会第六次全員会議で決定された「経済復興三カ年計画」に沿い、一九五四年一月から開始された。これをすべて北朝鮮が自力で達成することは不可能であり、外国からの大規模な援助を必要としたことは否めない。おもな援助国はソ連、中国、東欧諸国（COMECON諸国）であった。同様の援助は韓国とアメリカの間でも行われ、朝鮮戦争の被害から両国をいかに急速に復興させて発展の軌道に乗せるかは、冷戦体制のもとにあった米ソ両陣営のいずれにとっても死活的な問題とされたのである。

一九五三年九月、金日成を団長とする共和国政府代表団はソ連、中国を訪問し、援助協定を結んだ。また李周淵産業相を団長とする代表団は東欧諸国とモンゴル人民共和国を訪問し、援助協定を締結した。この結果、次のような総額の無償援助が北朝鮮に提供されることになった。すなわち、ソ連一〇億ルーブリ（当時の日本円で九〇〇億円）、中国八万元（一二〇〇億円）、東欧諸国・モンゴル等六億ルーブリ（五〇〇億円）である（姜在彦「停戦後における共和国の人民経済復興発展について」『朝鮮評論』一九五四年九月号）。この金額を当時の一ドル三六〇円のレートで換算すると七億二二〇〇ドルとなる。韓国に対するアメリカの援助が一九五七年度だけでも三億二〇〇〇万ドルであったことを考えれば、北朝鮮に対する社会主義諸国の援助額が特別に大規模であったとはいえないであろう。

ソ・中による復興援助

ソ連・東欧からの援助は設備・技術面に充当され、製鉄所・機械工業の再建と、興南（フンナム）・清津（チョンジン）などの都市復興に向けられた。中国からの援助はおもに現物で支給され、年平均石炭八〇万トン、穀物一五万トン以上、綿布約三五〇〇万メートル、鉄道車両三五八〇両などである。この期間中の北朝鮮の国家予算に占める外国からの援助費の割合は、一九五四年度二二%、五五年度二七%、五六年度一六%を占め、北朝鮮社会の復興に死活的役割を果たしたことが推定されるのである（李炫熙『物語（イヤギ）韓国史』ソウル・清雅（チョンア）出版社、二〇〇二年）。この復興事業の実態について、大韓民国国防部編・刊『韓国戦乱五年誌』（ソウル、一九五六年）によれば、北朝鮮が「無数の労働力を無償で搾り取」り、建設事業を進めていることや、モンゴルからの援助が蒙古馬七〇〇〇頭であったこと、ソ連の援助により平壌中央放送局が復旧されたが、それに当たった技術者はソ連人・ポーランド人あわせて一三人であったこと、その他、チェコスロバキアから自動車工場および付属品製造工場の復興援助、中国軍隊の手による沙里院（サリウォン）人民会館の竣工および元山市における住宅一〇〇〇戸の建設事業などがなされたことなどが伝えられている。また、价川（ケチョン）炭鉱、長津江（チャンジンガン）発電所、興南肥料工場などの復旧事業が最終段階にあること、水豊発電所第六発電機の操業開始、沙里院セメント工場の復旧などにより、「三カ年計画」の第二年次分が超過達成されつつあることなどが挙げられている。さらに水利共同組合による大規模な堤防修築工事、勤労女性のための託児所の設置、映画館・小映画館・映画生産職場倶楽部の設置と組織、ソ連をはじめとする外国出版物の輸入、体育大会・展覧会の奨励、作家の育成などがなされた。

独裁体制の強化と在日朝鮮人の導入

金日成はこのような援助が実施されると、その過程でこれら諸外国に対する崇拝心や事大主義が生まれ、北朝鮮政府要員や朝鮮労働党幹部のなかにソ連派、中国派、東欧派などの勢力が育成されるなどの問題が発生するのを恐れ、戦後復興とならんで独裁体制を強化する道を追求した。その手法の一つが労働党幹部の粛清であり、二つ目が経済活動に対する現地指導の強化であり、三つ目が在日朝鮮人の導入であった。とくに三つ目は、労働人口の不足を補い、無償で日本において習得された科学技術を導入することができ、さらに統治のための手兵として利用することができるという「利点」があったと考えられる。

「一人は万人のために、万人は一人のために」

第一の点は、朝鮮戦争中に起こった厭戦気分や労働党幹部への不信感を抑え、労働党規律を「厳格化」するという「伝統」を利用して実行された。まさに「戦時共産主義」の手法である。金日成の方針に反対する者はたとえば「極左的行動」の罪名がきせられ、労働党副委員長許哥義のような高官でさえ批判・粛清された。また一九五五年一二月に処刑された元副首相朴憲永や労働党秘書李承燁は、労働党内にひろがった「党派性欠如現象」の責任を取らされたものとされる（前掲『物語韓国史』）。これらの粛清・処刑はいわば見せしめであり、労働党の思想対策としては、同年四月に開かれた労働党中央委員会全員総会で金日成が行った報告「党員の中で階級教養活動をより強化することについて」（四月テーゼ）に従い、「革命の利益と党の利益が自身の生命であるとこころえ、個人の利益を犠牲にしていつでもどこでも無条件に、党の利益と党の原則を守り、すべての不正確かつ不適切な思想と断固として闘い、党の組織生活と規律を徹底的に守り、党と人民の連帯を強化すること」を旗印とするようになったのである。これが在日朝鮮各級学校では、「一人は万人のために、万人は一人のために」という標語として教えられたものと思われる。日本においてこの標語を学んだ多くの生徒・学生には、これが、差別主義とは反対の博愛主義と受け取られ、北朝鮮が理想的な社会であることを実感させたと考えられる。

農民の協同組合化

また金日成政権は「経済復興三カ年計画」のなかで住民を組織し、中央から住民に至る指導体制を整備することを図った。その基本は、労働党中央委員会第六次全員会議（一九五三年八月）で金日成が提示した「重工業を優先的に発展させつつ、軽工業と農業を同時に発展させる」という方針であった。軍備増強を進めながら戦後復興で多くの人口を都市に吸収しなければならず、他方で戦争による農村住民の激減を埋め合わせるには、農民を協同組合に組織し、生産性を向上させるしかない。そのため農民を協同組合に加入させ、ここに化学肥料、トラクターなどの援助物資を供給し、農業技術と勤労意欲を高めるという政策が進められた。統計によれば一九五三年農家戸数の一・二％であった協同組合農家が翌五四年には三一・八％となり（約一万二〇〇〇戸から三三万三〇〇〇戸へ）、五六年には四九％（五一万一〇〇〇戸）と半数にせまり、五八年にはなんと一〇〇％（一〇五万五〇〇〇戸）に到達したのである。前掲の『韓国戦乱五年誌』は「民衆に対する酷使がどれほど甚だしかったか」（A一二三頁）を示すものとしているが、むしろこれは個人所有の土地の再配分に関わる紛争を避けながら、肥料・種籾・水利施設・農業機械などを配分する方策として実施されたものであり、時宜にかなった側面をもつと言えよう。しかし実際の協同組合は、土地・農機具の共同利用組織となり、収穫を労働に応じて分配する組織ともなったので、これは農家の政治・経済・思想の統制組織として機能した。この組織の活動力を高めるために、一九五六年から千里馬（チョルリマ）運動がはじめられ、五九年からは千里馬作業班運動として本格化された。

中国・合作社運動と並んで

このような運動が中国における合作社運動とほぼ同時に進み、中国と同様に協同組合の規模（単位協同組合に組織された農家戸数）を急速に拡大したことは、中国における初級合作社から高級合作社への移行と軌を一にしており、その影響と刺激を受けたことを示している。これらが農民の自由な活動として進められたとすれば、中国農村の作風や思想がどっと流入したであろうことが想像される。またここに、日本からの帰国者が多数参加するようになれば、日本的気風が持ち込まれたはずである。

「青山里精神、青山里方法」

金日成が江西（カンソ）郡青山里（チョンサルリ）農場を訪れて現地指導を行い、「青山里精神、青山里方法」を編み出したのはまさにこの時点、一九六〇年二月五日であった。江西郡青山里が平壌の西約二五キロメートルの地点にあり、思想や経営方法の発信源として最適の場所にあったことにも注目すべきであろう。同月八日、金日成は青山里の労働党総会で「社会主義的農業経営の正しい運営のために」と題する演説を行い、また一八日には「新しい環境に適した郡団体の事業方法を改善することについて」語り、二三日には、労働党中央委員会常務委員拡大会議で「江西郡党活動指導での教訓について」と題する演説を行った。ここで提起された思想や方法は、同年八月二二日の演説「千里馬旗手たちはわが時代の英雄であり、党の輝ける戦士である」で概括されたが、このなかで金日成は「千里馬作業班運動は英雄的な朝鮮労働者階級が最初に創造したわが時代の立派で偉大な共産主義の学校」であるとした。また、これを創出したのが五九年三月、降仙（カンソン）製鋼所のチンウンオン作業班員たちであって、いまでは八六〇〇の作業班が運動に参加しており、すでに七六六個の作業班が千里馬作業班の称号を受けたと指摘した。このように、千里馬運動は朝鮮社会主義が独力で創始したものであって外国のまねごとでないことが強調され、「青山里精神、青山里方法」を実践する「労働英雄」「千里馬作業班」を目標にして邁進（まいしん）することが、労働党員および自覚的な朝鮮住民の途であると説かれたのである。これは外国からの援助物資が導入され外国人要員が活躍するなかで、朝鮮住民が事大主義に陥ることなく労働生産性を高めるために、全力を挙げるよう誘導する巧みな政治手法であった。

金日成「帰国者は幸福」と語る

六〇年八月一五日、金日成は「八・一五解放一五周年慶祝大会」の報告で、「異国の地より無権利と民族的差別と生活苦に呻吟（しんぎん）していた在日同胞たちも、日ごとに繁栄する祖国のふところに戻ってきており、すでに帰国した同胞たちも何の不便も心配もなく幸福な生活をしております」と述べた（『朝鮮中央年鑑』一九六一年版）。この言葉は、一見歓迎の辞のようであるが、すでに述べた金日成の政治手法に沿って読んでみると、これが帰国者たちを金日成の流儀によって律するという決意表明であることが浮かび上がる。この言葉にある「幸福な生活」とは、「労働英雄」や「千里馬作業班」などとして賞賛される生活を意味しており、帰国者が日本で身につけた習慣や文化は「無権利」と「民族的差別」の象徴として清算しなければならないものである。もちろん、独自の政治集団をつくることや、外国に対する事大主義をもつことは厳禁されていたはずである。

帰国者の数と出身地

このような環境がつくられたなかに帰国した人の数は、同年鑑によれば、一九五九年一二月一六日から翌六〇年一二月一八日に至る一年間で合計五万一九七八人にのぼり、その世帯数は一万三〇五〇世帯であった。そのうち男子は二万七六六三人、女子は二万四三一五人で、このうち一六七九人が日本人であった。また帰国者の出身地は九五・三％もが「南半部」（韓国）であった。帰国者にはそれぞれの希望と技術・技能に従い、工場、農業協同組合、科学・教育・芸術機関等、適当な部門に配置され、「自由に活動」することが保証されたという。かれらには新しい文化住宅の「保証」、一カ月分の給与相当額の補助金給与、家庭用品の提供、子弟の就学、医療対策までがなされた。また身寄りのない老人たち二九六名は養老院に入れられ、長期重疾患者一二二一名は病院に収容された。そのなかには、一〇年間日本で治療を受けていても治らなかったのが、帰国して治療を受けるとただちに完治したという人もいたとされる。

帰国者は「模範生」となった

注目すべきことは、約八〇〇人が千里馬作業班に参加し、三六人が千里馬作業班称号を受けたとされる点である。さらに優秀な技術・技能を発揮したとして「内閣命令一九号」による個別特別待遇者となった一六六人、二〇〇余件の創意考案をなした一九九人などがこれに加えられるであろう。先に挙げた六〇年八月二二日の金日成の演説「千里馬の旗手たちは……」を参照すれば、「わが時代の英雄、党の輝ける戦士」とされる「千里馬作業班」称号受賞班七六六のなかに三六人もの帰国者が入ったことの意味は決して小さくない。これは帰国早々、金日成の指示を最も忠実に守ろうとした人々が一定の層をなし、この人々が目立った成果を挙げはじめたことを意味するものである。すなわち帰国者のなかから金日成路線を実践する親衛隊が形成されたということである。右の数字は帰国者総数からすれば多いとは言えないが、帰国して一年も経たないうちにこれだけの結果が出たことは、金日成政権の側からすれば予想をはるかに上回る成果であったと思われるのである。しかし他方から見れば、金日成政権が求めたのはこのような帰国者なのであり、在日朝鮮人が育んできた文化そのものではなかったわけである。ここにのちの悲劇の種子が播かれていた。

北朝鮮と帰国者（二）――「中ソ対立」から「文化大革命」へ

1 「中ソ対立」と北朝鮮

一九六〇年末を境として、これまでの北朝鮮の路線はがらりと転換する。それは普通、この年にいわゆる「中ソ論争」「中ソ対立」が起こったためであると説明されている。しかし、これだけでは、路線の転換が帰国運動や金日成政権の在日朝鮮人政策とどう関連したのかについて理解することができない。私たちは、この時期の歴史的環境の変化について今一歩立ち入った検討をすべきであろう。

◎ソ連の援助とその中断

まずソ連について見よう。六〇年一一月、ソ連はこれまでに供与した援助のうち七億六〇〇〇万ルーブリ（六〇年当時のレートで一億九〇〇〇万ドル）の返済を棒引きすることを決め、さらに一億四〇〇〇万ルーブリ（三五〇〇万ドル）の返済期限延長を発表した（The Statesman's Year-book 1963, London, 1963, p.1212.）。六一年七月六日、朝ソ友好協力・相互援助条約が結ばれ、北朝鮮とソ連の親密な関係はさらに発展するかに見えた。右の相互援助条約の共同コミュニケは、北朝鮮における「経済と文化の特徴的な高い発展テンポ」に注目し、それが「朝鮮人民の献身的労働と社会主義諸国家の全面的な国際主義的相互援助」により達成されたことを指摘し、社会主義諸国の援助が北朝鮮の復興に不可欠なものであったことを強調した。そのうえでソ連は冶金および採鉱工業、火力発電所、化学工業などのために経済援助・技術援助を行い、長期借款（長期ローンのこと）にも応じることを約束したのである。これらの工業部門は北朝鮮の経済の基幹的な部門であったから、この援助は、北朝鮮の経済発展を促すかわりに経済のソ連型化とソ連への従属を進めるテコともなるものであった。しかし、翌六二年になるとソ連の経済援助は中止され、ソ連技術者は北朝鮮から引き上げることになる。北朝鮮が「中ソ対立」で中国側を支持し、ソ連のフルシチョフ政権を「修正主義」として非難する立場に立ったからである。これは、北朝鮮の復興をめぐる朝・中・ソの蜜月時代が破れ、東北アジアにおける社会主義圏が分裂したということを意味する。それは、北朝鮮が技術・経済・貿易などの面で、これまで大きく依存してきたソ連に手を切られて「自立」を余儀なくされたということであり、同時にソ連の軍事力とくに「核の傘」に依存することができなくなったということである。そのためこの分野では「自主防衛」路線が強調されるようになる。また国家の立場としては、東欧型社会主義的なソ連への「従属」に反対して「主体」をつらぬこうということになる。しかし、北朝鮮は一挙にこの路線に転換したわけではなかった。ソ連と対立しても、中国と同盟して経済開発をはかるという選択肢が残っていたからである。

◎中国の援助と朝中条約

中国は、六〇年一一月、北朝鮮に対し六一年度からの四年間にわたって四億二〇〇〇万ルーブリ（一億五〇〇〇万ドル）の長期借款を供与することを決定し、さらに六一年七月一一日、朝中友好協力・相互援助条約を結んだ。これは朝ソ相互援助条約の五日後に結ばれたものである。この日程は、金日成を団長とする北朝鮮代表団が六月二九日から七月一〇日までソ連を訪問し、朝ソ条約を結び、引き続き七月一〇日から一五日まで中国を訪問して朝中条約を結ぶというものであった。しかし両者の間にはかなりの違いが見られる。

◎「日本軍国主義に備える」

朝中条約の場合は、条約本文に「締約国の一方が如何なる国家またはいくつかの国の連合体から武力侵攻を受けて戦争状態になった場合、締約相手国はあらゆる力を尽くして遅滞なく軍事的およびその他の援助を提供する」(第二条)と軍事的協力が明記され、また締結時に発表された共同コミュニケでは、「米国が積極的に育成している西ドイツと日本の軍国主義は、欧州と極東における二つの危険な戦争発源地を形成している」と説明し、日本が軍事行動に参加する可能性を明記したのである。この文章は両国が、「現在日本の自衛隊が攻撃的な軍事力として強化されつつあり、米軍とともに朝鮮戦争を再発させて北朝鮮を攻撃する可能性が高まっている」という情勢判断に立っていたことを示している。いまや両国は第二の朝鮮戦争に備えなければならず、その際には日本軍国主義の参加が予想されるので、先の朝鮮戦争の際よりもなお一層強力な共同・協力が必要であるということである。これは、中国の側からしても、北朝鮮を外部勢力の武力攻撃から守ることは死活的な意味をもっていたことを意味する。この時期の中国は、旧「満州国」時代に日本が建設した重工業施設を社会主義的工業建設の基盤の一つとしており、それら工業施設は、朝鮮からの電力（とくに水豊発電所の電力）の供給を不可欠の要件として稼動していた。それは、日本統治時代の設計に由来するものであり、この時期の中国重工業はその歴史的事情から解放されていなかったのである。北朝鮮と中国は、このような意味でも、相互に依存し、協力せざるをえない状況にあったのである。

◎経済建設の失速

しかし、ソ連と東欧社会主義諸国の援助が断たれたことは、北朝鮮の経済建設のスピードを一挙にダウンさせた。それは、それらの国の全面的な支援を受けていた「経済発展復旧三カ年計画」（一九五三〜五六年）と「第一次五カ年計画」（五七〜六〇年）がいずれも超過達成されたのに対し、「第一次七カ年計画」（六一〜七〇年）は未達成に終わり、この間になされた工業総生産の増加率は「三カ年計画」の場合には四一・七％、「五カ年計画」の場合には三六・六％であったのに対し、「七カ年計画」の場合は公表値でも一二・八％（推計値では一一・四％）に過ぎず、北朝鮮当局も大幅な低下を認めざるをえない事態となったのである。この間の周辺諸国からの経済援助受け入れ実績は、四五〜六〇年までが一八億四五〇〇万ドルであったのに対し、六一年から七〇年までは三億七八〇〇万ドルへと激減した（武田幸雄編『朝鮮史』山川出版社、二〇〇〇年、三五八〜三五九頁）。これは、朝鮮戦争後の復興にとって周辺諸国との相互支援と協力がどれほど重要であったかを示すものであり、逆に「中ソ対立」以後に北朝鮮が孤立すると、そのことが北朝鮮にどれほど大きな打撃を与えるかを、きわめて雄弁に物語っている。

2　北朝鮮の政治路線転換と帰国運動

◎第四次党大会とその掌握力

この状況下で六一年九月、朝鮮労働党第四次大会が開かれた。この時期の朝鮮労働党員の数は一三一万一五六三人とされているので、総人口一〇〇八万九〇〇〇人の一二・二％にものぼる。当時の党員資格は党規約第二条により一八歳以上とされていたので、入党資格者は約半数の五〇四万人前後と推定される。したがってその約二六％が党員であったことになる。この時期の北朝鮮の世帯数は、なぜか『朝鮮中央年鑑』などにも記載がないので、一世帯平均を仮に四・五人と考えると、世帯数は二二四万二〇〇〇となり、労働党員は一世帯あたり一・七人いることになる。これは朝鮮労働党が北朝鮮社会に圧倒的なウエイトをもつものであり、また大会がいわば全戸主を代表とするほどの浸透力をもつものであったことを示している（高麗大学校亜細亜問題研究所共産圏研究室編『北韓政治体系研究』同大学校刊、一九七二年、二八七頁)。この数字はさらに、朝鮮労働党が、戦時体制下日本の大政翼賛会(下部組織である町内会・部落会・隣組が全戸を掌握・組織した)にも負けないほどの住民統率力をもっていたことを示している。

◎「思想闘争」を強調

この大会で金日成が強調したのは、「強力な思想闘争の展開」であった。金日成は、「党は修正主義およびあらゆる種類の反動的ブルジョア思想の浸潤に反対し、党内での分派主義、家族主義等の反マルクス主義的、反動的思想諸要素に反対する強力な思想闘争を絶え間なく展開することによって、つねに党内思想の純潔性と意志および行動の統一を保持して来たのであり、われわれの正しい革命路線を最後まで貫徹させて来たのであります」(金日成「朝鮮労働党第四次党大会で行なった中央委員会事業総括報告」一九六一年、一二〇頁。前掲『北韓政治体系研究』一二六八頁より引用)とし、これこそ「前例のない速さで社会主義の強固な基礎を築き上げるという歴史的な偉業を勝利のうちに遂行し……社会主義陣営の東方前哨地に平和と社会主義の強力な保塁を構築」することに成功した基礎であると主張したのである。

◎金日成思想のみが「革命精神」

注目すべきことは、この革命路線の内容である。この大会では朝鮮労働党規約が修正・採択されたが、それには「朝鮮労働党は、朝鮮共産主義者たちが抗日武装闘争のなかで成し遂げた輝かしい革命伝統の直接的な継承者である」と記され、それによって抗日武装闘争とその指導者金日成の思想こそが朝鮮における革命伝統の中心であると正式に認定されたのである。このことは、金日成以外が主導した革命運動や思想は朝鮮革命の伝統とは見なさないということを意味するものであり、それらを正しいとする者には「修正主義」「極左主義」「分派主義」等のレッテルが貼られ、排除されることを意味していた。東京で一九六三年に朝鮮総連中央宣伝部が翻刻した朝鮮労働党中央委員会宣伝煽動部『煽動員たちに与える参考資料』には、「現時期の革命伝統教育におけるわが党の基本任務は何であるか」という設問に対し、「マルクス・レーニン主義の一般的原理をわが国の現実に創造的に適用して朝鮮革命を勝利に導いて来た金日成同志をはじめとする朝鮮共産主義者たちの主体思想と自力更生の革命精神を培養することである」という答が示されている（前掲『北韓政治体系研究』二七三頁）。これがいわゆる「中ソ論争」「中ソ対立」のなかで朝鮮労働党が選び、その中心に「主体思想と自力更生の革命精神」（金日成思想）を据えるという路線の実体であったのである。

◎主体思想による国家運営——「三階層区分」

では、この路線は国家体制や社会運営にどのように具体化されたであろうか。その第一は、北朝鮮を思想国家とすることである。これは、労働党の組織原則を中央集権的にすることにより行われた。すなわち一九六一年大会で採択された規約第五条では、「党員は党の革命的伝統を深く研究・体得し、それを継承・発展させて、わが党の思想体系をもって確固として武装し、党中央委員会の周囲に固く団結」しなければならないとされたのである。もし労働党員がごく少数の場合は、この規約の拘束力は限られたものになるであろうが、全国の所帯主を網羅するほどに大規模化した組織のもとでは、この規約は、北朝鮮の住民すべてを、金日成政権に服従させる役割を果たす。また、住民を「革命的伝統」の思想による「武装」の度合いによって分類し、上下の格差をつけることになった。この大会のあと、労働党によって住民が三階層に区分され、第一階層は核心階層(労働者、雇農、貧農、愛国烈士の家族、党員などに分類)、第二階層=動揺分子(要監視対象者、知識人、民族資本家、商人、日本からの帰国者、越南者家族等に分類)、第三階層=敵対分子(特別監視対象者、解放前の地主・資本家、親日・親アメリカ分子、反革命分子等に分類)に区分され、それぞれ異なる対処がなされたとされる(本書所収の金相権氏の所説を参照)。

◎「科学技術も金日成思想に立脚」

第二は、科学技術も含めたすべての理念・理論を、外来思想から借りることは許されず、「朝鮮の革命的伝統」から出発させなければならなくなった。その最も手っ取り早い方法は、「革命的伝統」の体現者である金日成の「現地指導」を受け、それをモデルにして一般化することである。一九六〇年に行われた青山里農場での「現地指導」についてはすでに触れたが、これはのちの一九七二年、憲法に「偉大な青山里精神、青山里方法」（第一二条）として定式化されるまでになった。六一年には大安電機工場において「現地指導」がなされ、これも「経済を科学的、合理的に管理運営する先進的な社会主義経済管理形態である大安の活動体系」として七二年憲法に取り入れられた（第三〇条、前掲『朝鮮史』三六〇頁、なお七二年憲法全文は『朝鮮中央年鑑』一九七三年版に掲載されている）。同様に、科学技術の開発においても「自力更生」が推奨され、金鳳漢博士が「経絡体系」（血液・リンパ液と異なる第三の循環系）を発見し、これが『朝鮮中央年鑑』一九六四年版に「偉大な経絡体系の発見」として写真入りで紹介されたり、一九三一年に京都大学工学部を卒業した李升基博士が開発したビナロン（合成繊維）を生産する興南の「二・八ビナロン工場」が報道されたりするようになった（『朝鮮中央年鑑』一九六四年版、グラビア部分）。これらの発見や発明は、世界史の最先端に躍り出ようとしていた「新生社会主義国」北朝鮮の雰囲気を最もよく反映した成果なのであり、いわば北朝鮮住民の夢と「熱情」を代表する産物だったのである。

しかし、たとえば金鳳漢博士については、一九六七年に粛清された朴金喆の女婿であったために学問外的理由から排斥され、以後、学問的成果の可否は問われないままとなった。

◎「全人民の武装、全国の要塞化」

第三は、「全人民の武装化、全国土の要塞化、全軍の幹部化、全軍の現代化」を内容とする「四大軍事路線」が進められたことである。これは一九六二年一二月、朝鮮労働党四期第五次中央委員会全員会議で提起されたものである。これに先行したのは、韓国で六一年五月一六日、朴正煕による軍事クーデタが行われたこと、同年七月二七日、アメリカが朴政権に対し軍事援助を行う旨を発表したこと、六二年八月、韓国軍・米軍の陸海空軍事合同演習「七大洋作戦」が実施されたこと、同年一一月一二日、大平正芳・金鐘泌会談で「日韓会談」に懸案の政治決着をつけ、日本から韓国へ「請求権」資金として計六億ドルを支払うことが合意され、日本が朴政権と事実上同盟関係に入ることが明白になったこと、この時期の日本では六一年七月、第二次防衛力整備計画（ミサイル装備強化を目標に六二年から五カ年計画）の推進が決定されたことなどである。これらが北朝鮮政府や中国政府の目には、東北アジアにおける緊張の激化、とくに米・韓・日が軍事力によって北朝鮮から中国本土へ侵攻計画を進めていると映ったのである。先に触れたように、金日成自らが率いる代表団がソ連・中国への訪問に出発したのは、朴正煕による軍事クーデタの約一カ月後であり、このなかで朝ソ・朝中の両相互援助条約が結ばれたのであるが、とくに朝中のコミュニケでは、アメリカが日本軍国主義を育成し、極東は危険な戦争の主要な発源地になりつつあるという判断で両者が一致したことを示したのである。いまから振り返ればこのような判断は奇異に感じられるが、両国の指導者がともに軍人出身であり、朝鮮戦争における体験に固執し、またすべての動きを軍事的視点から判断する習性をもっていたことを考えれば、これも一応理解することはできる。また、「中ソ対立」のなかで、北朝鮮の防衛に対するソ連の態度がますます信頼し難くなっていることも、朝中の双方が感じていたに違いない。とくに中国は以前から米軍の「中国侵攻」を予想し、その最初の侵攻地を朝鮮、台湾、ベトナムと考えてきたため、朝鮮戦争が再開されるという予想は「具体性」を帯びていたと推定することができる。

◎一九六二年、党中央委員会の決定

ところで、一九六二年一二月の朝鮮労働党中央委員会全員会議で決定された「四大軍事路線」は次のような内容からなっていた。

①軍の戦闘装備を現代化し増強するための重工業生産の拡充。
②共産主義的階級教育を強化して、全軍の思想武装と軍事訓練を強化する。
③戦時動員に即応する体系の確立。
④前線施設の完備と全領土の要塞化。
⑤全体人民の警戒心・自覚と武装力の強化。

⑥軍事同盟による支援体制の確立（前掲『統一朝鮮年鑑』一九六四年版、三四九頁）。

これは北朝鮮全体を高度に軍事化する計画であり、政治・経済・社会に激痛を走らせたことは容易に想像できる。しかしそれが実現される過程を詳しくたどる余地がないので、若干のコメントをつけ加えるにとどめたい。

◎軍事対決を正面に

第一点は、正規軍だけでなく、「全人民を武装化し、全国土を要塞化する時にのみ社会主義祖国を仇敵の侵害から守り通すことができる」（『勤労者』一九六七年第二号）との理由で、一種の「国民皆兵制」が実施されたことである。この結果、正規軍は同年鑑によれば陸軍三五万五〇〇〇人（The Statesman's Year-book 1968-69によれば、三二万五〇〇〇人）、一八個師団五個旅団からなり、約五〇〇台の中型戦車と四五〇台の装甲車をもち、休戦ライン付近に展開していた。このほかに「保安隊」（準軍隊）が約一〇万人、さらに「労農赤衛隊」（民兵）が約五〇万人おり、労農赤衛隊は北朝鮮製の自動小銃と装甲車で装備されていた。海軍は兵力七〇〇〇人で、各種艦艇一六〇隻とされた。空軍はとくに急速に増強された分野であり、兵力は約四万人で七〇〇機以上のミグ17およびミグ21戦闘機、一三〇機以上の軽爆撃機など一〇〇〇機以上を保有していたと見られた。また最新式レーダー探知所が約二〇カ所に設置され、早期警報・邀撃命令の発令、邀撃管制などの任務を果たしていた。これらの空軍機のガソリンや弾薬はほとんどソ連から供給されているとと推測されていたし、中国との間に「朝中合同防空区域」が設けられていた。

◎「全軍の幹部化」

右の兵力を単純に合計しただけでも、一〇〇万二〇〇〇人(人口の約一〇%、兵役年齢人口を全体の半分とすれば、その二〇%)となる。徴兵年齢が労働党への入党資格年齢と同じ一八歳であることや、軍人はとくに「思想堅固」でなければならないことを考慮すれば、一三一万余にのぼる労働党員のほとんどが軍隊の要員となっていたという推定さえ成り立つのである。またこの推定と「全軍の幹部化」というスローガンとは、実によく符号する。全軍の幹部化とは、戦時には軍が幹部となり、武装した全住民を指揮する態勢を取るという意味である。まさに軍は全住民の幹部であり、かつ政治的には前衛なのである。このなかの正規軍は、すべて急速に高度化された装備を操る技術を習得しなければならず、訓練に没頭させられていたと考えられる。では「青山里運動」や「大安の体系」を実行する中心となるのはどの人口層なのであろうか。明らかなことは、朝鮮戦争から約一〇年を経たにもかかわらず、生産活動に必要な労働人口が軍隊に吸収され、優秀な労働力の不足が続いていたということである。

◎在日朝鮮人に何が期待されたか

これらの要因は、在日朝鮮人の帰国事業に一九五〇年代とは異なる特質をつけ加えた。まず思想の面では、朝鮮の内部で成長した共産主義・社会主義・民族独立運動等については知識や経験をもたず、金日成の間島パルチザン闘争史や「主体思想」を「真理」として確信する人々の集団が求められた。また企業所や政権機関の管理・運営に関しては、当時の日本で流行しはじめていたアメリカ式経営学や開発計画の方法などの輸入は期待されず、「青山里運動」や「大安の体系」に順応する人材が求められた。さらに、軍に吸収された若年かつ有能な労働人口を埋め合わせる役割が期待された。北朝鮮は当時の世界的な工業水準から見て、地下資源が豊富な国であり、それらを産出する鉱山や鉱業所は各地に散在していたので、こうした企業所に「革命的気概」をもって赴任し労働する人材が求められていたのである。

3　帰国運動と朝鮮総連

◎一九六一年、帰国者は急減した

一九六一年元旦、金日成は新年の祝辞のなかで「六〇万在日同胞と海外にいる全朝鮮公民」に祝賀の意を表し、そのなかで「なお在日同胞の帰国事業を継続し、祖国に帰還するこ

お風呂から眺めた
吉岡逸夫

加藤健二郎◎プロフィール

1961年生まれ。早稲田大学理工学部卒業後、1985～1988年に東亜建設工業で港湾施設や工場設備等の建設に従事。その後、軍事ジャーナリストとなる。戦場取材を中心に中米、中近東、ユーゴスラビア地域、チェチェン、アフリカ、北朝鮮などを訪れ、戦場突入回数76回、戦闘遭遇27回。国内では、「実戦との比較」という視点から自衛隊と在日米軍をテーマとしている。

1997年より、防衛庁オピニオンリーダーに任命されている。

◎定価1,500円（本体）+税◎四六判◎並製◎264頁◎ISBN4-87798-184-5

発行元：（株）現代人文社　◎〒160-0016東京都新宿区信濃町20佐藤ビル201◎電話03-5379-0307　FAX03-5379-5388　発売元：（株）大学図書
◎E-maii hanbai@genjin.jp　◎URL http://www.genjin.jp　◎郵便為替00130-3-52366

として
いた
見たのは、
の
暮らしだった。
お風呂に入り、
ながら知りえた、
な姿。

『厳戒下のカンボジアを行く』
『漂泊のルワンダ』
『青年海外協力隊の正体』
『いきあたりバッチリ』
『なぜ記者は戦場へ行くのか』
◎映画
「アフガン戦場の旅」
「祈りのニューヨーク」
「笑うイラク魂」

イスラムとアメリカ、自由と平和・戦争について、思索のための1冊

◎定価1,600円（本体）＋税◎四六判◎上製◎288頁◎ISBN4-87798-189-6

発行元：（株）現代人文社　◎〒160-0016東京都新宿区信濃町20佐藤ビル201◎電話03-5379-0307　FAX03-5379-5388　発売元：（株）大学図書
◎E-maii hanbai@genjin.jp　◎URL http://www.genjin.jp　◎郵便為替00130-3-52366

とを希望する」とつけ加えた。しかし、前年末までの一年間に帰国した人が約五万二〇〇〇人にのぼったのと比べれば、六一年初頭から六三年末までの帰国者は約三万人にとどまった(『朝鮮中央年鑑』二九〇頁)。これは、帰国運動に急激な変化が生じたことを示している。

◎「韓日会談」反対運動

六一年九月、労働党第四次大会が閉幕した直後の二〇日、東京で「韓日会談」反対対策連絡会議在日朝鮮人中央決起大会が開かれたが、これは従来の帰国運動と異なり、日本国内で「日韓会談」に反対し、「日本軍国主義」の「朝鮮再侵略策動」を阻止するという切実な集会であった。同年七月の朝中共同コミュニケが指摘する「極東における危険な戦争発源地」である日本の国内に、それを阻止する運動を組織・発展させようとしたのである。帰国運動においては、朝鮮人が日本を離れることが求められたのであるが、いまや状況判断が一変し、北朝鮮政府の要請と指導に応えて、日本の「軍国主義化」を予防するために邁進する在日朝鮮人の集団が必要となったのであり、朝鮮総連はそのために有能な指揮能力を発揮し、在日朝鮮人大衆を活発に行動させるという役割が期待されたのである。二〇日の決起集会は、こうした運動の幕開けを示すものであった。

◎朝鮮総連と民団左派の統一戦線

この集会は朝鮮総連と民団（大韓民国在日居留民団）左派が「統一戦線」を組んで開いたものであり、まさに在日朝鮮人が左右を問わず一致して「韓日会談」に反対していることをアピールする機会となった。それにはまた、日本国民が「日韓会談」反対運動を発展させるよう刺激を与える意図も含まれていた。要するに朝鮮総連は、これまでの帰国運動に加え、「日本軍国主義」が朴政権・米軍と結んで「朝鮮再侵略」に乗り出すのを抑える力量を急速に構築するという任務を与えられたのである。

◎有能な朝鮮総連活動家は日本で任務につく

このため朝鮮総連では、有能で経験に富み、組織・宣伝能力に秀でた多くの活動家が必要となった。この人々を北朝鮮に帰国させてはならず、日本における運動の組織に専念させる必要が出てきたわけである。帰国者の減少は、直接にはこの「任務」の増大したことを反映したものである。もちろん帰国者たちの何人かが、予期していた「地上の天国」的な待遇が得られないという不満を在日朝鮮人に伝えたという事情が考えられるが、朝鮮総連の運動の重要性が一挙に高まり、また多数の在日朝鮮人が日本に住み続けることが必要とされたことのほうが、より大きな原因となったと言うべきであろう。

その後朝鮮総連主導で行われた運動としては、たとえば六二年三月一日、三・一節四三周年記念在日朝鮮人中央大会を挙げることができる。この大会では「日本軍国主義の南朝鮮再侵略『日韓会談』反対」のスローガンがかかげられた。また同様の大会は日本全国各地で開催された。

◎「祖国自由往来」のスローガンを押し出す

このような集会について詳述することは省略し、北朝鮮政府がこれをどう評価していたかを述べたい。『朝鮮中央年鑑』一九六五年版は、それまでの各版と異なり、朝鮮総連の活動を詳細に記述し評価を行った。とくに朝鮮総連が「青山里精神、青山里事業」を下部組織の具体的状況に合わせて具現化するための指導を強化していることが賞賛され、この方法によりながら朝鮮総連が「民主主義的民族権利の擁護」のための事業として七次にわたる「祖国自由往来」を要求する統一行動を実施し、日本人の間に二六〇〇万部にのぼる各種宣伝物を配布し、一〇〇〇万人を目標に日本人の支持署名を集める運動を成功裏に進めているとしている。この結果、東京都議会をはじめ二七の都道府県、四一二の市、五八二の町村など日本人口の八五％を網羅する一〇二一の地方議会が自由往来を支持する決議を行ったと報じている。

「祖国自由往来」のスローガンは、「日韓会談」反対などの政治的要求を含んではいないが、朝鮮民主主義人民共和国を日本人に認知させ、韓国政府のみと国交正常化を進める日本政府に批判的な雰囲気を醸成する効果を挙げたと考えられる。

◎「模範分会」創造運動

こうした活動のなかで、朝鮮総連は「模範分会」創造運動を強力に推進し、一九六四年末までに六五五個の分会がこれに参加、東京・馬込分会をはじめ二個の分会が「二重模範分会」に、七五個の分会が「模範分会」に指定されたという。北朝鮮における住民組織の方法が、急速に在日朝鮮人社会に浸透して行くさまが目に浮かぶようである。

◎企業家・スポーツ指導者の育成

このほかに一九六三年から設置された「経済学園」に二〇〇〇余人の在日朝鮮人商工業者が参加し、社会主義・愛国主義的教養を身につけたことや、文学・芸術・体育の指導者やチームを育成する運動が進められ、たとえばサッカー指導者八〇〇人が新たに養成され、六五〇のアマチュア・サッカーチームに一万五〇〇人の在日同胞が組織されたという。これらは北朝鮮の作風に従ってはいるが、同時に、日本に定着して独自の文化を創造するという方向をめざす運動である。もはや朝鮮総連とその傘下の教育機関は、帰国する在日朝鮮人のための予備校ではなく、日本社会への定住を前提としつつ「祖国往来の自由」が可能な住民を組織する役割に重点を移すほかなくなったのである。こうした状況のもとで朝鮮総連は、東京における北朝鮮の外交的窓口としても機能するようになった。

なお、帰国した人々について、『朝鮮中央年鑑』一九六五年版は、一九六四年末現在で「労働英雄」をはじめ国家勲章、メダル等の受勲者が二一五六八人にのぼり、一一一四人に内閣首相表彰状が与えられたという。

むすびにかえて

帰国運動の軌跡をここまでたどれば、一応その輪郭を見とどけることができる。この後、中国における「文化大革命」を契機に、朝中関係が険悪になるにつれて、北朝鮮では「主体思想」「自立経済」「自主防衛」が一層強調され、国際的に孤立し、鎖国的状況が見られるようになる。それとともに経済開発は先細りになり、北朝鮮社会が在日朝鮮人の財力・影響力・人的資源をあてにし、依存する度合いが増していくのである。このなかで帰国者に対する処遇もますます悪化したことは言うまでもない。ここまでの追跡では、日本人に対する拉致事件がどのような歴史的脈絡のなかで計画・実行されたのかは解明できないが、この点に関しては他日を期すほかない。

これまでの追跡から確認できることは、帰国者の処遇をはじめとする悲劇の出発点に戦争と軍事的対立があるということである。たとえ「解放戦争」の名が冠されたとは言え、北朝鮮が朝鮮戦争を発動したことは、もろもろの悲劇の出発点をもたらした。また、これに対する国連軍の反撃が、悲劇を取り返しのつかない規模にまでおしひろげた。その後の南北朝鮮の軍事的対決はいうまでもなく、「中ソ対立」までが、この対決構造を拡大し、善意と熱意に満ちた在日朝鮮人の帰国運動を、悪夢への入り口に変えたのであった。

では、この歴史を体験・目撃した者は何をなすべきか。それは、関係各国の住民が「隣人」どうしとして共存する道をさぐるほかはない。互いに「憎悪の牙」を研（みが）き合うようなことにでもなれば、東北アジアには破滅への道しか残されていないのである。

Ⅳ　歴史認識

在日朝鮮人の歴史認識を見直す

金定三

はじめに

二〇〇二年の北朝鮮による日本人拉致の承認、脱北者、北朝鮮の「核」などの諸問題は、われわれ在日朝鮮人にも大きな衝撃と波紋を投げかけている。拉致された何人かの日本への帰国の様子や、北朝鮮へ「帰国」した日本人妻の日本国への再帰国時の様子などは、いまだに多くの人々の脳裏に鮮明に残っていることであろう。これらの出来事はほかならぬ私たち在日自身の戦後五〇年の歴史と深く関わる側面をもつ。また同時に、いまなお在日を呪縛しているより重要な課題をそのまま写し出してもいる。

私は戦後の在日を生きてきた者の一人である。この際、拉致事件を契機に、在日の一市民の立場から、これまで在日がもち続けてきた価値観を改めて見直しつつ、いくつかのことについて考えてみたい。

拉致事件が教えているもの

『論座』二〇〇三年三月号（朝日新聞社）のなかで、在日の詩人金時鐘氏は姜尚中東京大学教授と対談している。そして、拉致事件に対置して、「過去の清算」を言いたてることは「冒してはならない民族受難を穢すこと」であると述べている。金時鐘氏の言葉は多くの在日の心情を代弁しているともいえる。

一方、私にはこの言葉にはもっと深い問題が胚胎しているように思われる。それは、これまで北朝鮮を支えてきた在日の、日本に対する民族的歴史観に関わる問題である。在日の心のなかには、北朝鮮や韓国の人々においてもこれは基本的に同じ考えであろうと思うのだが、日本人は加害者で朝鮮人は被害者であるという歴史認識がいまなお根強く横たわっているように思われる。この認識が拉致事件によって大きな打撃を受けたのではなかったか。

被害者である朝鮮民族のほうに正義があり、加害者である日本には正当性が欠けているというこの歴史認識を、金時鐘氏のように心のなかに収めておきたかった人々は少なくあるまい。その人たちにとって、たとえそれが自己の行為でないにせよ、自分たちにより近い立場にあるはずの北朝鮮が日本の一般市民に害をなしたということには、憤りを感じずにはおれないことであろう。しかも拉致事件は在日に対して、一方が常に正義たりえず、他方が常に加害者たりえないという当たり前のことをあざやかに示したのである。

「被害者」と「朝・日相克」の歴史認識

在日社会における歴史認識は、大きく三つに分けて考えることができる。その第一は、金時鐘氏のように自らを被害者と見なす立場で、おそらく在日社会では最も広いコンセンサスを得ていると思われる。第二のものは、朝・日相克論につながっていく認識である。この認識はたとえば、一九八八年の在日韓国学生同盟夏季学習会における金光男氏（当時、在日韓国青年同盟中央委員長）の講演によく現れている。金光男氏は一九七三年の韓国民主回復・統一促進国民会議（韓民統）結成に加わった。韓民統は、金大中氏も一時共同議長に名を連ねた団体で、統一問題においてたびたび北朝鮮と歩調を共にしてきたことで知られている。八八年の講演のなかで金光男氏は、韓民統結成参加に至った歴史認識について述べている。氏は青年時代、韓国青年同盟（韓青同）主催の「朝鮮人強制連行の記録」読書会に参加し、その学習を通じて「日本人は加害者であり、韓国人は被害者であるという民族史の相克」を知った。氏はまた、「民族史の最先端に生きる自分にとって、自分自身の主体的生がはじまったのはこのときであった」と語っている。氏にあってはこの歴史認識が民族主義的尚古主義の媒体となり、直接的な行動を呼び起こす動因となっている。この点で金時鐘氏のそれとは一線を画すものである。

「主体思想」の歴史認識

第三の歴史認識は、いわゆる「主体思想」のそれである。これは三つの要素からなっている。第一の要素は一九三〇年代に展開された抗日パルチザン闘争の規範視であり、ここより朝鮮革命の歴史が始まるとされる。このような考えを北朝鮮では革命伝統という。第二の要素は主体思想というイデオロギーである。主体思想は人々を独自的頭脳をもたない人々の群(むれ)と見なして、偉大な指導者の命令一下にその群を革命のための戦いに駆り立てることを正当化する。第三の要素は、「プロレタリア独裁論」(金日成、一九六七年)に示された革命観である。同論は主体思想に基づくプロレタリア独裁を、朝鮮においては労働者階級と農民階級の差異がなくなり、精神労働と肉体労働の差異がなくなるまで遂行されなければならないものとし、また国際的には帝国主義国家が地上から消えるまで遂行されなければならないものとして規定する。

三つの歴史認識の相関関係

第一の歴史認識を仮に経験的歴史認識とし、第二のそれを韓・日相克論とした場合、この両者は共に被害者としての意識を共有している。しかし後者が後述する「先駆者」的歴史認識としての特徴を色濃くもつのに対し、前者にはそれが希薄である点に、両者の相違がある。第三の主体思想的歴史認識論は北朝鮮特有の全体主義を支えている点で、自由意志に基づく第一、第二の歴史認識とは明確に区別される。

ここで注目すべきは、従来第三の認識がその他の認識に対して有してきた優位性である。第一、第二の認識が程度の差はあれ実践論としては不徹底なものであるのに対し、第三の認識は徹底した自己犠牲的実践論をもっている。この点で第一、第二の認識に立つ人々は第三の認識に指導的役割を認めてきた、という一面を指摘することができる。

主体思想的歴史認識と在日との関係

政治思想家であるＨ・アーレントはその著『全体主義の起原』（みすず書房、一九九六年）において、「全体的支配はテロルに威嚇された大衆の支持がなければ不可能である」と述べている。在日にとって「帰国同胞」の存在は現在大きな足枷となっているが、帰国直後からそうだったわけではない。

北朝鮮と在日を結ぶ役割を果たしたのは在日本朝鮮人総連合会（以下、朝鮮総連）である。朝鮮総連は結成当初の一九五五年から在日同胞の民族教育事業や信用組合朝銀事業を指導し、在日同胞社会内で堅実な支持基盤を築いてきた。こうしたことの背景には、上述の第一の歴史認識が精神的紐帯として機能したという事実がある。

ところが一九六六～六七年にかけて北朝鮮は帰国同胞に対し住民再登録事業を行い、同時に監視・迫害対象にしはじめた。ここに来て帰国同胞問題は在日社会に重くのしかかるようになってきたのである。時を同じくして朝鮮総連内では学習組という、朝鮮労働党の細胞組織がつくられた。また、その学習組の指導のもと、すべての朝鮮総連組織構成員に対して「革命伝統教養事業」という歴史認識教育活動が大々的に行われるようになった。上で扱った第三の歴史認識はこの時点で組織的に注入されたものである。

このような政治思想教育は六〇年代後半から七二年までには基本的に終了し、以後朝鮮総連は学習組を通じて完全に朝鮮労働党の制御下に入っている。そして一九七二年からは、戦後初めて日本から北朝鮮への往来が実現するのである。

朝鮮総連は在日社会のなかに北朝鮮流の歴史認識を広めるうえで決定的な役割を果たしたのであるが、その活動のなかで注目に値するのが、朝鮮総連幹部たちの「中間者」意識の強さである。

中間者意識

『韓国人の社会的性格』（崔在錫、ソウル・開文社、一九六五年）という書物がある。本書は日本でも中根千枝氏の監修により翻訳され、話題を呼んだ。本書は韓国人の社会的性格について、それが保守的であると革新的であるとを問わず「カムトゥ（＝官職）」志向の意識に支配されていると指摘している。この性格は現在においても、南北両社会にとどまらず在日社会にも広く当てはまるものと言える。北では政治権力を人民の前衛隊たる党が握っている。南では国民を「民草」と見なし自らを「先駆者」とする運動家たちが権力をもっている。在日社会でも、学習組が権力を握ってきた。これらの集団はいずれも市民の意を受けて動くのではない。李氏朝鮮（一三九二～一九一〇年）以来の伝統と言えるが、彼らは何らかの権威ある考えを価値判断の基準として仰ぎ、その司祭役として人民教化にあたろうとするのである。また、彼らは絶対者と大衆の間に立ち、官職なり立場なりを得て両者をつなぐ役割を担う。このような集団をここでは「中間者」と呼ぶことにする。李朝における中間者の判断基準は儒教の経典であったが、現代の北朝鮮や朝鮮総連の中間者のそれはマルクスやレーニン、そして金日成の言葉である。

Ｂ・ラッセルはその著『権力』（みすず書房、一九五九年）のなかで、権力者を直接的権力者と間接的権力者の二つに分類している。後者は前者に奉仕することを通じて自己の権力を間接的に行使するとされる。在日にあって間接的権力者の役割を果たしてきたのは、ほかならぬ学習組である。北朝鮮が戦後の長い間在日を牛耳ってこられたのも、ひとえに彼らの働きによるものである。

中間者の限界

在日における中間者が成立するにあたっては、三つの条件があったと思われる。第一に絶対権力者が存在すること、第二に、絶対権力者の経典が説得力をもっていること、第三に、大衆が一般に中間者たちより知的に立ち遅れていることである。

在日社会の中間者たちにとっては不幸なことだが、現在この三つの条件は損なわれつつある。第一に、在日に対する金正日の絶対的権威は拉致事件などで霧消してしまっている。第二に、マルクスやレーニン、それに金日成の諸著作が、そのどれもはや従来のような形では説得力を発揮しえないものとなっている。それらはいずれも地球内存在としての有限な人間社会の位置づけが欠けており、たとえば今日重大な注意を喚起している地球環境問題への無配慮にも表れている。また、人間社会の文化的性格や政治的秩序について、適切な理解を示しているとはいえない。たとえば民族の文化的位置づけがないこと、人間の精神的尊厳や民主主義的社会制度への認識が欠落していることに表れている。第三に、在日の中間者たる学習組には最も不幸なことであるが、かれらの目が平壌に向けられ、在日社会が築いてきた膨大な精神的・物質的基盤が北朝鮮のために費やされている間にも、在日社会内部では教育水準・知的水準の劇的な改善・上昇が起こっていたということである。その例は在日出身医師の多さにも表れている。大阪市では毎年一五〇〜一六〇人が国家試験に合格して医師になっているが、そのなかでまだ帰化していない在日の合格者数はここ一〇年ほどは毎年大体二五人前後になる。大阪市の市民が二六〇万人ほどである一方、戦前に由来する在日が七万五〇〇〇人ほどであることを考え合わせると、これは驚くべき数値である。

解放後、そして一九五五年における朝鮮総連結成時の在日社会の教育水準はきわめて低いものであった。それゆえ朝鮮総連は結成の折に、民族教育と「文盲〔ママ〕退治」を在日社会の最大の民族的課題として挙げたのである。当時と比較すると、隔世の感がある。前述の国家試験合格者たちの教育的準備の多くは一〇年以上前に遡ることができよう。一九八〇年代半ば頃から在日は本国、とくに北朝鮮に見切りをつけ、いわば「自力更生」の道を選択したということの、これは傍証である。八〇年代半ばには帰化者数も急速に増え始めている。

在日の歴史認識の社会的背景

ここまで、在日の三つの歴史認識について述べてきた。だが、在日の歴史認識は在日自身のみによって形成されてきたものではない。在日の生活環境をなす日本の精神風土、とくに日本社会の歴史認識に対応してきたという面を見逃すことはできない。

現在の日本の歴史認識における最も顕著な動きとしては、「新しい教科書を作る」運動を挙げることができよう。しかし、これは何も昨今に限ったことではなく、戦後ずっと潜在的に存在したものであって、最近のそれはこの流れが顕在化したものにすぎない。このような日本の歴史認識との関係で言えば、たとえば帰国運動は、当時進行していた韓日条約交渉の過程における日本政府の朝鮮植民地支配に対する見解に反発する、在日の歴史認識によって促進された側面をもつ。帰国者のほとんどが連日、韓日条約反対のデモに参加していたことからも、それはうかがえる。

日本文化の重層的性格

哲学者の梅原猛氏はその講義（一九七二年）のなかで、日本の文化は重層的性格をもっているると述べている。正月には初詣、夏には神社の祭り、教養として中国の論語を読み、お茶やお花を嗜（たしな）み、死後はお寺に世話になるというように、日本の文化はその根底をなす宗教において古代から神道、仏教、儒教、近世からはキリスト教とお互いが独立して存在しているという。ヘーゲル（一七七〇～一八三一年、ドイツの哲学者）の言うようなアウフヘーベンなどありえないというのである。すなわち基本的に日本の宗教は、異質なもの同士が統合されることなく多元的に存在しているということである。

この立場からすれば、明治維新による国家神道に基づく政教一体の絶対天皇制などは、日本文化の実体を体現しない、列強時代の「ねじれ現象」ということになる。この「ねじれ現象」をどのように克服していくかは今後の日本の課題となろう。

歴史認識がこじれる理由

客観的には朝・日間の歴史認識問題はすでに解決済みの問題である。日本がポツダム宣言を無条件受諾したその瞬間に終わっている問題である。そのことは戦後日本の吉田首相と連合国マッカーサー司令官との往復書簡のなかでも確認されていることである（袖井林二郎「マッカーサー＝吉田往復書簡（三）」法政大学『法学志林』第七九巻第三号、一九八二年）。ここでは日本の社会的、政治的秩序の規範性がポツダム精神にあることを示しているが、ポツダム精神は国際関係の規範でもある。しかも歴史認識とは現代の人々が現代の国際秩序のなかで行うものであるから、大きな異論があるはずのない問題である。

ところがなぜ両民族間では歴史認識がこじれていくのであろうか。それには二つの原因があるように思える。第一に、何のために歴史を見直すのかについての動機と目的において、両方の立場が食い違っているということである。第二に、歴史を検討する客観的認識論が欠如していて、ものごとを感覚的に判断しようという恣意性があることである。以下ではとくに第一の点について考えてみたい。

朝鮮半島と日本は地理的に相互に補完しあわねばならない位置にある。だが現代のような市民の時代に不平等な意識では相互補完など望むべくもない。今後東アジアで経済状況が行き詰まることもあれば、地球環境問題で政治までも混乱することがあるかもしれない。どれ一つとってみても、不安定な二一世紀の東北アジアで日本だけが危険を負担することはできないものである。また今世紀においても、国家は国際政治の重要な主体である。国民は主権者としてその事実を認識しなければなるまい。各国が自国の安全保障を基準とする場合、日本のプレゼンスのみ突出していてよいものであろうか。また、アメリカは果たしていつまで、そしてどれほど危険を負担するのかという問題にも注意を払わねばならない。以上の事柄を考えた場合、当地域の当事者たる朝・日双方のパートナーシップは両方のいずれにとっても必要なものである。にもかかわらず戦後から現在に至るまで日本は近隣諸国、とくに朝鮮民族の神経をたびたび逆なでしているが、このようなことは賢明なこととは言えない。『SAPIO』一九九九年三月一〇日号（小学館）は、韓国で実施した韓日関係についてのアンケート結果を載せている。それによると、もし日本が北朝鮮と戦争状態に入った場合、多くの人たちが北朝鮮に味方して日本軍と戦うと言っている。また重要なパートナーとしては中国が一位で、次がアメリカ、日本は北朝鮮と同位で最下位となっている。

日本が今後自主的外交を実現していくにあたっては、真摯に協力し合える隣国関係を築くために、障害になっている敵対的歴史認識について、もっと未来への戦略的な視覚に立脚した取り組みが必要ではないか。

在日の新しい歴史認識に向けて

法務省東京入管局長坂中英徳氏は、「本国との不正常な関係を断ち、朝鮮半島から解放された自由な精神で生きる姿勢を貫いて欲しい」(二〇〇二年一一月九日付読売新聞)と語っている。拉致事件や脱北者、核問題が重大な関心を呼ぶようになっている現在、在日は難しい岐路に立たされている。

このような状況を踏まえれば、今後在日がどのような生き方を選択するにせよ、その歴史認識の見直しは必至である。これまでのような三つの歴史認識を維持しながら生きていくのか、それともいくつかあるいはすべてを放棄するのか、あるいはこれまでの観念的な歴史認識を見直し、整合的な新しい歴史認識を形成していくのか。いずれにせよ、朝・日間の歴史を二国間だけの関係史として捉え、過去を絶対視するようなことはもはや許されまい。たとえば「韓日併合条約」にしても、単に韓日二国間関係の視点からだけでは十分な理解をもつことはできない。その歴史的背景として当時の国際情勢を勘案すべきであるし、そのなかにあって当時の朝鮮がどのような情勢判断や対応を示したのかについても十分理解を致すべきである。また、絶えず動いていく歴史の流れのなかにあって、作為的に過去の一点に歴史認識の絶対的規範性を求め、朝鮮民族の未来を過去のなかに閉じ込めることも、賢明なこととはいえない。

二一世紀における在日の存在理由

サミュエル・ハンチントンはその著『文明の衝突と21世紀の日本』（集英社新書、二〇〇〇年）のなかで、冷戦が崩壊した今日、人間はしばしば「自分が何者であるかを」知ろうとし、一方「民族も国家も人間が直面する最も基本的な問いに答えようとしている」と述べたうえで、「人々は祖先や宗教、言語、歴史、価値観、習慣、制度などに関連して自分達を定義づけ……文化的なグループと一体化する」と記している。そして、「人々は自分の利益を増すためだけではなく、自らのアイデンティティーを決定するためにも政治を利用する」と述べている。在日がハンチントンの言うようにディアスポラ（国外離散者）として、日本国内で一目置かれる存在となるためにも、民族的アイデンティティーとしての精神的支柱を再構築することが必要不可欠である。在日において歴史認識はこの精神的支柱の中核をなすものである。なぜなら歴史認識こそは在日の基本的価値観を形成してきたものだからである。

今日、世界のなかでよく知られたディアスポラは、公共性を帯びたアイデンティティーを形成している。これから在日社会が公共的な自己のアイデンティティーの再形成に向かうならば、在日社会の安定にとどまらず、本国と日本との関係によりよき影響力を養うことになるであろう。ここにこそ、在日が二一世紀を生きる存在価値と理由があるように思う。

V　東北アジアの未来創造

北朝鮮問題とその展望
世界性と局地性の交錯

小此木政夫

五〇年前の世界戦争

一九五〇年六月二五日の未明、悪天候を衝いて北朝鮮（朝鮮民主主義人民共和国）軍の砲撃が開始され、やがてT‐34戦車を先頭にする地上軍部隊が三八度線を突破して、三つの突破口から朝鮮半島を南下した。現地にあった国連朝鮮委員会の報告（六月二六日）によれば、北朝鮮軍の攻撃は「計画的に調整され、極秘のうちに準備された」ものであり、ソ連や中国の協力なしには実行が不可能なものであった。創設間もない韓国軍は日曜日の早朝に開始された全面的な奇襲攻撃を阻止することができず、首都ソウルは三日後に陥落した。

北朝鮮軍の露骨な南侵に関する報告に接したトルーマン米大統領は、故郷のミズーリ州インディペンデンスからワシントンに戻る大統領専用機のなかで「いくつかの前例」を思い浮かべた。それらは満州、エチオピア、オーストリアの事例であり、ヒトラー、ムッソリーニ、そして日本の指導者のことであった。「ヒトラーの侵略を黙認したことが第二次世界大戦を招来した」との「ミュンヘンの教訓」に基づいて、トルーマンはそれまでの朝鮮半島への軍事的不介入の方針を撤回し、六月二七日に米海空軍の、六月三〇日に地上軍の派遣を命令したのである。米国の参戦は「武力攻撃を撃退し、かつ、この地域における国際の平和と安全を回復する」との国連安保理事会決議（六月二七日）に依拠するものであった。

大統領専用機上での回想にみられるように、トルーマンの決断は世界的（グローバル）な観点からのものであった。第一に、北朝鮮軍の南下は「共産主義勢力による世界征服」の第一歩と解釈された。したがって、すでに指摘したように、それに反撃することは第三次世界大戦の発生を防止することにほかならなかったのである。第二に、国連監視下の総選挙によって樹立された合法政府（韓国政府）が外部からの武力攻撃によって打倒されれば、発足後間もない国際連合の権威が地に落ちかねなかった。第三に、共産勢力による武力侵略を黙認すればドイツ人や日本人が米国との同盟を信頼しなくなる、との「同盟の信頼性」の問題が存在した。

他方、開戦当時の共産側三国（北朝鮮、ソ連、中国）の内部関係がどのようなものであったのかは、長らく学術的な論争の的であった。しかし、ソ連邦崩壊（一九九一年）後に公開された外交史料によれば、朝鮮民主主義人民共和国の樹立以来、金日成首相は一貫して北朝鮮の「民主基地」からの南朝鮮の武力解放を主張していた。金日成はソ連のスターリン首相を説得して、ついにT-34戦車を初めとする近代的装備を獲得したのである。また、毛沢東の協力を得て、中国からも三個師団の東北在住の朝鮮人部隊が派遣された。北朝鮮、ソ連、中国の指導者の間には明らかに事前の「共同謀議」が存在したのである。

朝鮮戦争は冷戦の勃興期に局地的に準備され、やがて冷戦そのものを世界化し、軍事化する契機になった。ヨーロッパでも、その衝撃の下で恒常的な軍事機構としての統一NATO（北大西洋条約機構）軍が組織され、第二次大戦の英雄であるアイゼンハワー将軍が初代司令官に就任したし、東アジアでも、それは日本の再武装と経済発展の出発点になった。さらに、中国の参戦後は長期にわたる米中対決の国際構造が定着した。しかし、それにもかかわらず、金日成にとっての戦争目的はきわめて局地的（ローカル）であり、「祖国の独立と統一」を達成することにすぎなかった。ローカルな野心がグローバルな戦争の引き金になったのである。

もし「冷戦」という名前の米ソ対立が存在しなければ、朝鮮半島の地域紛争はもっとローカルな形で開始され、短期間に終結したことだろう。李承晩、金九、金日成など、海外から帰国した独立運動指導者間のリーダーシップ闘争や国内の左右対立が深刻化し、日本軍撤退後二、三年以内に、朝鮮半島でも中国の国共対立型の内戦が発生した可能性が大きい。そうなれば、武装闘争に長けた左派勢力が勝利し、朝鮮半島は社会主義政権によって統一されていたかもしれない。しかし、それでも、朝鮮独立問題はローカルな紛争に終始し、長期にわたる分断は回避されたことだろう。統一された社会主義国家は中ソ両国だけでなく近隣諸国、とりわけ日本との関係を正常化し、冷戦が終結する以前に市場経済を受け入れ、北朝鮮の住民が現在のような不幸を経験することもなかっただろう。

グローバル化とアメリカ化

それでは、冷戦終結後の今日、何が北朝鮮問題を「グローバル化」(世界化)しているのだろうか。その第一の契機は北朝鮮自身による大量破壊兵器、とりわけ核兵器と長距離ミサイルの開発である。冷戦終結までに韓国との体制競争に敗北した北朝鮮は、「祖国の独立と統一」のためではなく、今度は自らの「生き残り」(=体制維持)のために大量破壊兵器の開発に着手したが、その兵器がもつ普遍性が北朝鮮問題をグローバル化したのである。事実、それなしには、クリントン政権時代の米朝「合意枠組み」(ジュネーブ合意)は存在しなかったし、ブッシュ政権下での厳しい米朝対立も存在しないだろう。交渉したり対決したりする以前に、米国は北朝鮮を相手にする必要を感じないからである。

しかし、それだけではない。第二の契機として、二〇〇一年九月にニューヨークとワシントンで発生した米国中枢に対する同時テロ事件がある。朝鮮戦争と同じく、「九・一一」テロ事件が北朝鮮問題を再定義し、それにグローバルな意味を付与したのである。国際的なテロ組織との「新しい戦争」に立ち上がったブッシュ政権は、アルカイダやタリバンに反撃しただけでなく、「テロ支援国家」や「ならず者国家」をも容赦しなかった。先制行動によって「テロ支援国家による大量破壊兵器の開発を阻止する」という単独行動主義の論理がこれらの国々に適用されたし、とくに二〇〇二年一月の「悪の枢軸」演説以後、北朝鮮問題はイラク問題の「極東版」とみなされ始めたのである。これは金正日総書記にとっても衝撃的なことであったに違いない。

その他の分野の問題と同じく、グローバル化は多分にアメリカ化を意味している。北朝鮮内部の政治・経済情勢や南北朝鮮関係が重要でないというのではないが、また北朝鮮と日本、中国、ロシアとの関係が重要でないということでもないが、それらの問題以上に、米国が北朝鮮問題にどのように対応するか、すなわちワシントンの政策決定過程や大統領選挙を意識した米国の国内政治が、この問題の前途を左右する最大の変数として登場したということである。これは五〇年前の朝鮮戦争以来の現象である。

しかし、それにもかかわらず、客観的に見て、北朝鮮による大量破壊兵器の開発を阻止するために、イラク戦争と同じように、米国政府が武力行使に踏み切る可能性はそれほど高くない。二〇〇三年四月に開始されたイラク戦争が米国の「先制行動」の勝利に終わった以上、原理的には、政府内強硬派であるラムズフェルド国防長官やチェイニー副大統領が「イラク方式」を北朝鮮に適用しようとしても不思議ではない。また、ブッシュ大統領も「テーブルの上にはあらゆる選択肢がある」と言明し、武力行使の選択肢を完全には排除していない。しかし、イラク占領が混乱する以前から、同じ強硬派のウォルフォウィッツ国防副長官は「北朝鮮の状況はイラクの状況とまったく異なる」と指摘していた。

その「異なる状況」を推測するならば、第一に、米国の軍事作戦が寧辺(ヨンビョン)の核施設の外科手術的な破壊に限定されても、それが北朝鮮側の「限定報復」を招来する可能性を排除することができないということである。それなしには、金正日の権威が失墜し、北朝鮮の体制崩壊が促進されるからである。おそらくは韓国の原子力発電所や産業施設が限定反撃の標的にされるだろう。しかし、もし米韓側が北朝鮮の「限定報復」にさらに反撃し、それが第二次朝鮮戦争に拡大すれば、ソウルが「火の海」になるだけでなく、在韓米軍将兵も大きな犠牲を被ることになるだろう。北朝鮮軍の戦力から見て、それが数千人に達することは確実である。いいかえれば、同盟国および米軍将兵の被害を最小限に抑える方途が発見されるまで、安易な「先制攻撃」は不可能なのである。

第二に、最大の被害国になる韓国はもちろん、利害関係国である中国とロシアが武力行使には強く反対しており、戦略的な予測可能性が低下していることも重要である。国連安保理事会で経済制裁決議が可決され、米軍による海上封鎖が実施されれば、北朝鮮だけでなく韓国全土が反米・反戦デモで覆われるだろう。そして、軍事的な緊張が高まれば、韓国の株式市場は暴落し、外国資本の撤退や国内資産の海外逃避が進行することだろう。要するに、北朝鮮経済が破滅する以前に、韓国経済が再破綻するのである。韓国政府と国民は北朝鮮ではなく米国を「放火犯」とみなすに違いない。そのとき、中国やロシアは黙って米国を支持するだろうか。日本の対応も積極的であるとは思えない。

イラク戦争との複雑な連結

これに加えて、イラク情勢の混乱が新しい要素として登場した。ブッシュ政権にとって最も重要なのは、それが大統領選挙に及ぼす影響である。すでに指摘したように、「九・一一」テロ事件を仲介者として、イラク問題と北朝鮮問題を同じ論理で連結したのだから、少なくとも原理的には、米国政府はただ「二正面作戦」を回避するだけのためにイラクでの「攻勢」と朝鮮での「抑止」を使い分けたことになる。そうだとすれば、イラクでの戦争が短期間で終結すればするほど「次は北朝鮮」ということになり、それが長期化すれば、それだけ抑止政策が継続することになる。わずか三週間で米軍の精鋭部隊がバグダッドを制圧し、五月初めにブッシュ大統領が戦闘終結を宣言したとき、外交交渉のための時間はほとんど残されていないかのようであった。

しかし、戦闘での勝利と占領の成功は同じではなかった。戦闘終結宣言後の米兵の犠牲がそれ以前を上回ったり、国連現地本部が爆破(デメロ事務総長特別代表ら二〇名以上が死亡)され、シーア派主要政党指導者ハキーム師が爆弾テロで死亡したりするなど、イラク占領の混乱が拡大した。戦費増大による財政赤字の急増とともに、九月以後、占領長期化の見通しが米国内でイラク戦争を急速に不人気にし、ブッシュ大統領に対する支持を低下させている。また、大量破壊兵器が発見されないことも、政府関係者による情報操作の疑惑とともに、イラク戦争の正当性に疑問を投げかけている。したがって、これらのことが大統領選挙の主要な争点として登場することは避けられないだろう。

そのような状況の下で、「九・一一」テロ事件のトラウマ(心の傷)をイラク戦争で解消したアメリカ国民は、新たに朝鮮半島で展開される高価で、犠牲の大きな戦争を支持するだろうか。さらに、北朝鮮がアラブ系のテロ組織と緊密に提携している具体的な証拠は存在しないし、石油を産出しない朝鮮半島には石油戦略も存在しない。軍事作戦の成否や予想される犠牲の規模をめぐって、国防省文官指導者と国務省・在韓米軍司令官を含む制服組の間の摩擦も拡大することだろう。いずれにせよ、大統領選挙が近づくにつれて、朝鮮半島でも単独行動主義は多くの困難に直面せざるをえなくなるに違いない。

他方、イラク戦争の開始に際しては、いわゆる「新保守主義者」(ネオコン)の演じた役割が注目された。しかし、実際に戦争を推進した政治勢力は単独ではなかった。イスラエルとの関係から中東問題を重視する宗教右派、西部や深南部に伝統的な共和党右派（レーガニスト）などの「旧」保守主義者が合流したし、多数派である共和党穏健派もそれに同調した。しかし、イラクが北朝鮮に姿を変えた場合、そのように広汎な政治連合が政府や議会内で容易に成立するとは思えない。宗教右派は北朝鮮問題に大きな関心を抱いていないし、共和党右派は軍事的な単独行動には慎重であり、同盟国との関係を重視する傾向をもっている。しかも、ルーガー上院対外関係委員長を含む共和党穏健派は、北朝鮮との交渉を勧告している。

北朝鮮の核開発問題をめぐって北京で開催された多国間協議、すなわち四月下旬の三カ国（米朝中）協議、そして八月末の六カ国協議（米朝中プラス日韓露）は、第一義的には、北朝鮮の瀬戸際政策と米国の経済制裁の警告との間に存在する「不安定な均衡」を維持し、多国間の情報共有や透明性拡大を通じて、それを少しでも安定化させるための制度化の試みである。また、もし北朝鮮が六カ国協議への参加を途中で拒絶したり、さらなる挑発行動に出たりするなどして、現在の均衡状態を破壊するようなことがあれば、多国間協議はそれに共同で対処するための土台となるだろう。

他方、すでに指摘したように、米国の政府内政治ないし国内政治の文脈では、それは多分に強硬派と穏健派の妥協の産物、すなわちイラク情勢が安定化するまでの「期間限定」の外交活動でもある。強硬派がそれに同意したのは、北朝鮮の核問題解決のために、第一段階として、平和的ないし外交的な努力が払われる必要性を認めたからにほかならない。また、それは北朝鮮に対する外交的な包囲網の形成でもあり、第二段階として、国連安保理事会を通じた多国間の共同行動を準備するためのものでもある。皮肉なことに、イラク占領の混乱と長期化の展望がパウエル国務長官、アーミテージ副長官などの政府内穏健派にさらなる「外交の機会」を与えているのである。

当面の三つのシナリオ

北朝鮮はイラク戦争からいくつかの教訓を獲得したが、そのなかで最も重要なのは、第一に米地上軍のバグダッド侵攻なしにフセイン政権を転覆することは不可能であったということであり、第二にイラクがイスラエルに到達する核ミサイルを保有していれば、米軍はバグダッドに侵攻できなかったということである。そして、おそらく第三の教訓は国際査察を受け入れることの危険性に関するものだろう。アメリカが北朝鮮に対する「敵視政策」を放棄するまで、いいかえれば米朝間の政治関係が改善されるまで、北朝鮮がかつて受け入れたIAEA（国際原子力機関）による監視以上のものを受け入れる可能性は低い。

したがって、もし北朝鮮が核兵器を小型化し、それをミサイルに搭載できる技術能力をもっているか、近い将来にもつことができるならば、北朝鮮との交渉はほとんど不可能だということになる。かれらはそれを完成するために時間を稼ぎ、将来の対決に備えるだけである。しかし、そのためにさらに数年の時間を必要とするならば、アメとムチを組み合わせることによって、北朝鮮と交渉することは不可能でない。すでに指摘したように、六カ国協議がそのための土台を準備している。私は技術的な情報にアクセスできる立場にないが、北朝鮮がなぜウラン濃縮計画に着手したのか、なぜ「一括妥結と同時行動」を要求するのかを考えるならば、現状は後者である可能性が高いと判断している。

ただし、その場合でも、北朝鮮との交渉は容易ではない。イラク占領の長期化と米国大統領選挙が北朝鮮の指導者に心理的な余裕を与えているからである。六カ国協議が決裂すれば、米国大統領選挙を前に、金正日総書記は再び瀬戸際外交に復帰し、ブッシュ大統領の立場を混乱させることさえできるのである。北朝鮮に核開発を放棄させるためには、周辺諸国の強い決意と共同行動、多国間協議の進展に続く米朝直接交渉の開始など、対話と圧力の巧妙なブレンドが必要とされる。当面、北朝鮮の核開発を「再凍結」し、さらなるプルトニウム生産を許さないことを最大の目標にして、暫定ないし初期合意が追求されるべきである。

これまで、ブッシュ政権は「強い威嚇」以外に具体的な政策をもたなかった。アフガニスタンやイラクでの先制行動を見て、北朝鮮が米国の軍事力の威力に屈すれば、ブッシュ政権は輝かしい外交的成果を収めて、北朝鮮問題を解決することができただろう。しかし、そうでなければ、「政策不在」が北朝鮮に核開発の自由を許容するだけである。事実、ブッシュ政権の「強硬政策」はクリントン政権期に凍結されていたプルトニウム生産を再開させ、さらに数発の核兵器製造を可能にしてしまった。大統領選挙までに、それは危険な水準に到達するだろう。

したがって、第二回六カ国協議を前に、われわれの前途には三つのシナリオが待ち構えている。第一のシナリオは、北朝鮮との暫定ないし初期合意に向けて前進し、米国大統領選挙までに、それを達成するというものである。一〇月のAPEC（アジア太平洋経済協力会議）首脳会談でブッシュ大統領が言明したように、北朝鮮による核放棄を条件に、六カ国協議の枠内で北朝鮮の安全保障上の懸念に配慮しつつ、何らかの共同文書を作成することができれば、北朝鮮との交渉がより容易になるだろう。それだけでなく、そのなかに部分的にしろ北朝鮮の要求する「一括妥結と同時行動」の原則が含まれれば、北朝鮮は予想以上に柔軟に反応する可能性がある。

第二のシナリオは、第二回六カ国協議が米朝間の意見の対立をかえって際立たせて、交渉による解決の見通しが得られなくなるというものである。米国政府が主張してきた核兵器放棄の「先行行動」と北朝鮮の要求する「同時行動」が正面から衝突すれば、六カ国協議の決裂もありえなくない。最悪の場合、六カ国協議続行の展望が失われ、北朝鮮の核開発を阻止するという課題は再び安保理事会に委ねられるかもしれない。その場合、北朝鮮はブッシュ政権との交渉を断念し、大統領選挙での民主党候補の当選に期待しつつ、核実験の強行を含む新しい挑発を試みるかもしれない。

最後のシナリオは、第一のシナリオと第二のシナリオの中間である。米国も北朝鮮も中途半端な態度に終始し、六カ国協議の成功も決裂もないというものである。この場合には、米国大統領選挙が終わるまで、事態は膠着せざるをえない。北朝鮮側からの部分的な挑発や米国のPSI（拡散防止イニシアチブ）実施が予想されるが、その間にも、北朝鮮の核開発は継続される。

日本の北朝鮮外交

冷戦の全期間を通じて、日本は北朝鮮外交に関する十分な「裁量権」をもたなかった。すでに指摘したように、五〇年前の朝鮮戦争を通じて、この地域では米ソ・米中対立が構造化したし、南北朝鮮間にも厳しい敵対関係が定着したからである。そのような状況の下で、日本が東側陣営に属する分断国家である北朝鮮と国交を正常化することは、そのまま日米同盟の破綻や韓国との国交断絶を意味していたのである。この時期に日本が発揮した独自の北朝鮮政策は、一九五九年一二月から在日朝鮮人の北朝鮮帰還を実現したこと、および一九六五年の日韓国交正常化に際して、北朝鮮との将来の関係正常化の可能性を留保したこと、一九七〇年代のデタント期に部分的な関係改善を模索したことなど、数少ない例に限定される。

このうち、本書と関連の深い帰還事業について概観すれば、それは国際赤十字委員会の仲介を経て一九五九年八月に締結された日朝赤十字協定に基づいて実施され、協定による配船が終了する一九六七年一二月までに八万八六一一人（最盛期である一九六一年末までに約七万五〇〇〇人）が帰国した。日本国籍の所有者（非帰化朝鮮人を含む）はそのうちの六六四二人であった。また、その後も、一九七一年に一三一八人が帰国した暫定措置、その後の事後措置によって、一九八四年の第一八七次帰国までに合計九万三三四〇人（日本国籍の所有者は六七三七人）が帰国した。韓国の強い反対に直面しながらも、帰還事業が強力に推進された背後には、帰国希望者、受け入れ側、送り出す側に三者三様の思惑があったからである。帰国希望者には日本社会での朝鮮人差別への反発やナショナリズムとイデオロギーに起因する「社会主義祖国」への憧れがあったし、北朝鮮側には韓国に「社会主義体制の優越」を誇示し、朝鮮戦争以後の労働力不足を補うという目的があった。また、日本側には、「居住地選択の自由」という人道的な観点とは別に、少しでも多くの朝鮮人を帰還させ、「厄介払い」をしたいという動機があったように思われる。

いずれにしろ、日韓国交正常化以後、日本の北朝鮮政策は再び硬直化し、デタント期に模索された関係改善の試みも大きな成果をあげることなく終わった。したがって、それが本格的に展開されたのは、冷戦終結期になってからのことである。一九八八年七月、ソウル・オリンピックの直前に表明された盧泰愚大統領の「北朝鮮が米国や日本など、わが国の友好諸国との関係を改善するのに協力する用意がある」との特別宣言のあと、一九九〇年九月に、金丸元副総理と田辺日本社会党前書記長を団長とする自民・社会両党代表団が平壌を訪問し、翌年一月からようやく日朝国交正常化交渉が開始されたのである。しかし、平壌から帰国した金丸を待っていたのは、北朝鮮の核開発疑惑であった。米国政府関係者は北朝鮮が建設中の核燃料再処理工場の衛星写真を提示して、核拡散の脅威を訴えたのである。いいかえれば、冷戦終結後、北朝鮮の核開発問題が日朝国交正常化の最大の障害物として浮上したのである。

それ以後、日本の北朝鮮政策は「二つの悪夢」の間を振り子のように往復してきた。第一の悪夢は、北朝鮮の核開発を阻止するために、米国が北朝鮮に対する軍事的な先制行動に踏み切ることであった。とりわけ一九九三、九四年には、北朝鮮がＩＡＥＡの核査察要求を拒否してＮＰＴからの脱退を宣言したために、国連安保理事会で経済制裁の可能性が検討された。北朝鮮政府は「経済制裁が行なわれれば、それを宣戦布告と見なす」と声明し、「ソウルが火の海になる」と警告した。また、もし米国が寧辺の核施設に外科手術的な先制攻撃を加えれば、すでに指摘したように、それが第二次朝鮮戦争に拡大するかもしれなかった。日本にとっては、それもまた回避しなければならないシナリオである。

第二の悪夢は、その逆のシナリオ、すなわちニクソン大統領の中国訪問と同じく、米国政府が突然日本の頭越しに北朝鮮との関係を改善することである。歴史的な南北首脳会談の四カ月後、すなわち二〇〇〇年一〇月には、金正日総書記の側近である趙明禄次帥がワシントンを訪問し、「どちらの政府も他方に対して敵対的な意思をもたない」ことを宣言する米朝共同声明を発表した。また、それに続いて、オルブライト国務長官がクリントン大統領の北朝鮮訪問の可能性を検討するために平壌を訪問したとき、日本政府はクリントン大統領の北朝鮮訪問の実現を真剣に懸念した。もしクリントンがその任期中の最後の外国訪問地として平壌を選んでいれば、たとえ北朝鮮の弾道ミサイルの規制に成功しても、「ニクソン訪中」にも匹敵する外交的衝撃が日本を襲ったことだろう。

二〇〇二年九月の日朝首脳会談を前に、日本政府を脅かしていたのは、いうまでもなく前者の悪夢である。北朝鮮が大量破壊兵器の放棄を渋っている間に「九・一一」テロ事件が発生し、アフガニスタンでタリバンの掃討が進展した。また、米国によるイラク攻撃が現実味をもって議論され始めた。もしイラクが攻撃されれば、その次の目標は北朝鮮であるかもしれない。しかし、北朝鮮が「第二のイラク」になることは、日本にとって、自らの安全保障上の危機を意味していた。一九九四年の核危機当時とは異なって、北朝鮮はすでに日本を標的にする約二〇〇基のノドン・ミサイルを配備しているからである。いいかえれば、日本は湾岸戦争当時のイスラエルと同じような立場に置かれるのである。

朝鮮半島でイラク型の軍事紛争を発生させないためには、北朝鮮問題のグローバル化を阻止し、それを可能な限りリージョナル（地域的）なレベルで解決することが望ましい。朝鮮戦争以来の危機が予想されるときに、日本政府がそのために最大限の外交的努力を払ったのは当然のことである。その意味で、さまざまな批判にもかかわらず、小泉首相の平壌訪問は日米同盟の基盤の上で「対米協調」と「対米自主」を巧みにブレンドしようとする独自のリージョナル・イニシアチブであったといえる。武力紛争を回避するという意味では、日朝間に共通の利益が存在したといってもよい。しかし、拉致関係者「八名死亡」という衝撃的な通知と北朝鮮によるウラン濃縮計画の発覚が、そのような日本のイニシアチブを途中で挫折させてしまったのである。

おわりに――リージョナル・イニシアチブの勧め

日本のリージョナル・イニシアチブが挫折したあと、それに代わる役割を演じたのは中国であった。二〇〇三年二月のパウエル国務長官の北京訪問以後、中国政府は積極的な仲介外交に乗り出し、四月には米朝中三カ国協議を、八月には日韓露を加えた六カ国協議を北京で開催することに成功した。朝鮮半島で軍事緊張が高揚する可能性が無視できないほどに増大し、それが平和な国際環境を必須条件とする中国の持続的な経済発展戦略の大きな障害として登場すること、北朝鮮の核兵器保有が北東アジアに核開発の連鎖反応を発生させる可能性があること、北朝鮮の崩壊が米国主導の朝鮮半島統一を招来することなどを懸念したものだが、それに加えて、最近の米国との緊密な関係を胡錦涛時代に定着させたいとの願望が大きく作用したものと思われる。

したがって、八月末の六カ国協議で議長役として発揮したイニシアチブや一〇月末の呉邦国・全国人民代表大会常務委員長の北朝鮮訪問にみられるように、中国の外交目標は六カ国協議を通じて北朝鮮の核問題を確実かつ平和的に解決することであり、そのための仲介外交を成功させることである。もし北朝鮮がそれに応じなければ、中朝友好相互援助条約の改定、エネルギー・食糧支援の停止、中朝国境での密貿易の厳格な取り締まり、脱北者の人道的な受け入れなどの圧力手段を行使することもありうるだろう。他方、平和解決を実現するために、米国に対しても北朝鮮の要求する「同時行動」の実質的な受け入れを要求していくに違いない。これは中国による独自のリージョナル・イニシアチブである。

六カ国協議方式が米国のグローバル・イニシアチブと中国のリージョナル・イニシアチブの混合であるとするならば、独自のリージョナル外交に失敗した日本としては、少なくとも当面は、中国の積極的な仲介外交を支援し、核問題に関する暫定ないし初期合意の達成に協力するべきだろう。それなしには、拉致問題の解決も日朝関係正常化も不可能だからである。米国のグローバル・イニシアチブに敬意を払いつつ、日本は中国、ロシア、韓国と積極的に協力し、リージョナル・イニシアチブの強化のために努力するべきである。北朝鮮との暫定ないし初期合意の達成後に、六カ国協議の東京開催が検討されてよい。

核問題の平和的な解決後に残されるのは、北朝鮮の体制移行の問題である。それどころか、核問題そのものが広い意味での体制維持（生き残り）問題から発生したといってよい。しかし、国際社会の協力を得て、北朝鮮が経済の開放と改革に向けて前進し、政治的抑圧を緩和するとしても、より望ましい体制への移行が順調に実現するという保証は存在しない。したがって、ここでも、周辺諸国の地域的な協力が不可欠である。われわれの目標は北朝鮮の段階的な体制移行（体制の安楽死）を促進したり、そのための犠牲（コスト）を最小限に限定し、不意の事態に備えたりすることであって、現在の全体主義的な体制を長期にわたって保存することではない。

在日朝鮮人年表（1945〜1974年）

年度	月日	在日事由	南北	国際
1945	8月15日	朝鮮民族解放される	植民地から解放	日本 ポツダム宣言受諾・ 無条件降伏
	9月14日	在日本朝鮮学生同盟結成される （総連結成後からは 「在日本朝鮮留学生同盟」と改称）		
	10月15〜16日	在日本朝鮮人連盟（朝連）結成		
1946	10月3日	在日本居留民団（民団）結成		
	11月12日	GHQ、在日朝鮮人は 正当な朝鮮政府ができるまでは 「日本国籍者」としてみなされると発表		
1947	5月2日	外国人登録令施行（ポツダム政令207号）		
1948	2月	GHQ、朝鮮人学校閉鎖命令	4月3日 済州島4・3 （人民蜂起）事件 勃発	

	4月23日	大阪府庁前で朝鮮人学校閉鎖反対の朝鮮人３万人集会、５人生命危篤、70人負傷、２００人逮捕	8月15日 大韓民国建国	
			9月9日 朝鮮民主主義人民共和国建国	
	4月24日	阪神教育闘争事件発生	10月20日 麗水順天反乱事件（済州島への派遣軍人反乱）勃発	
1949	3月1日	大阪私立朝鮮人学校24校設立認可		
	9月8日	朝連強制解散		
	10月19日	朝鮮人学校92校に閉鎖命令、土地建物没収		
1950			6月25日 朝鮮戦争勃発	
1951	1月9日	在日朝鮮統一民主民族戦線（民戦）結成		
	4月30日	日本政府文部省調査、朝鮮人学校学生数（小学校～高級学校まで８万８５２４人）		
1952				2月15日 「韓日」会談開始

在日朝鮮人年表（1953～1971年）

年度	月日	在日事由	南北	国際
1953	4月28日	在日朝鮮人の日本国籍喪失		4月28日 対日講和条約・日米安保条約発効
	6月24日	吹田事件発生		7月27日 朝鮮戦争休戦協定調印
1954				6月28日 中国・周恩来、インド・ネール首相 平和5原則発表
1955	1月1日	日本共産党在日朝鮮人運動指導方針転換（中国・周恩来の平和5原則に則る）		4月18日 アジア・アフリカ バンドン会議（バンドン平和10原則）
	5月25～26日	在日本朝鮮人総連合会（朝鮮総連）結成		
	7月15日	在日朝鮮人帰国希望者東京大会開かれる		
1956	4月23日	在日本朝鮮人学生の帰国を歓迎すると金日成報告（朝鮮労働党第3次大会）		
1959	12月14日	第1次帰国船、238世帯975人が新潟を出航		
1960			4月19日 ソウルで李承晩政権に反対する学生・市民革命勃発	5月19日 日米新安保条約衆議院承認

1961			5月16日 韓国で軍事革命勃発	
1965			6月22日 韓日基本条約および4協定を正式調印	
			8月24日 韓国海兵旅団「青龍部隊」陸軍師団「猛虎部隊」を南ベトナムに増派	
1966	1月17日	民団、永住権申請接受を開始		8月18日 中国天安門広場に100万名の紅衛兵集まる（文化大革命）
	11月27日	在日朝鮮人民族教育問題で近畿地方の各大学総長・学長会議もたれる		10月27日 中国核ミサイル実験に成功
1967	2月13日	在日本朝鮮人科学者協会が世界科学者連盟（WFSW）に加盟		
1968	4月17日	朝鮮大学校、各種学校として認可される		
1969				3月2日 中ソ国境紛争起こる
1971				7月9日 キッシンジャー米大統領補佐官訪中

在日朝鮮人年表（1972～1974年）

年度	月日	在日事由	南北	国際
1972	4月26日	「金日成元帥誕生60周年祝賀」在日自転車隊平壌に到着	7月4日 「7・4南北共同声明」発表	2月21日 ニクソン米大統領訪中 2月27日 「共同声明」 9月29日 日本・田中首相訪中、国交正常化の共同声明発表
1973	5月26日	在日商工人祖国訪問団—金日成首相から「愛国的商工人、進歩的商工人」と評価される	8月8日 金大中氏東京で拉致される	
1974			8月15日 文世光在日青年によって朴正熙大統領狙撃され、陸英修夫人殺害さる	

〔参考文献〕

韓徳銖著『主体の海外僑胞運動・思想と実践』（九月書房、一九八七年）
姜徹編著『在日朝鮮・韓国人史総合年表』（雄山閣、二〇〇二年）

執筆者一覧

小此木政夫◎

1969年3月　慶應義塾大学法学部政治学科卒業
1972年8月　延世大学政治外交学科博士課程研究生（〜74年3月）
1975年4月　慶應義塾大学法学部専任講師
1978年4月　慶應義塾大学法学部助教授
1981年8月　ハワイ大学朝鮮研究センター客員研究員
1982年3月　ジョージ・ワシントン大学中ソ研究所客員研究員
1985年4月　慶應義塾大学法学部教授、現在に至る
1987年4月　法学博士（慶應義塾大学）
1989年5月　延世大学政治外交学科客員教授
9月　ソ連邦科学アカデミー東洋学研究所客員研究員
12月　ハワイ大学朝鮮研究センター客員研究員
1993年11月　アジア政経学会理事
1995年10月　慶應義塾大学地域研究センター所長（〜99年9月）
1996年4月　日韓共同研究フォーラム日本側座長
10月　日本国際政治学会理事
1998年10月　日本比較政治学会理事
1999年6月　日韓文化交流会議日本側副座長
2000年11月　現代韓国朝鮮学会会長

２００１年9月　小泉首相の「対外関係タスクフォース」委員
２００２年5月　日韓歴史共同研究委員会委員
専攻は、国際政治論、韓国・朝鮮政治論。
主な著書に、『市場・国家・国際体制』（共編、慶應義塾大学出版会、２００１年）、『金正日時代の北朝鮮』（編著、日本国際問題研究所、１９９９年）、『北朝鮮ハンドブック』（編著、講談社、１９９７年）、『東アジア危機の構図』（共編、東洋経済新報社、１９９７年）、『ポスト冷戦の朝鮮半島』（編著、日本国際問題研究所、１９９４年）、『岐路に立つ北朝鮮』（編著、日本国際問題研究所、１９８８年）、『冷戦期の国際政治』（共編、慶應通信、１９８７年）、『朝鮮戦争』（中央公論社、１９８６年、慶應義塾賞・櫻田会奨励賞を受賞）などがある。
英文編著書は以下のとおり。
The Perry Report, the Missile Quagmire, and the North Korean Question: the Quest of Alternatives, Co-edited, Yonsei University Press, 2000
Japan and Korean Unification, Co-edited, Yonsei University Press, 1999
Korea and Japan: Searching for Harmony and Cooperation in a Changing Era, Co-edited, Yonsei University Press, 1995
North Korea at Crossroads, Japan Institute of International Affairs, 1988

佐々木隆爾◎１９５８年　京都大学文学部卒業
１９６４年　京都大学大学院博士課程修了、京都大学博士（文学）
現在、日本大学文理学部教授、東京都立大学名誉教授。

主な著書に、『新版戦後世界史　上・下』（共編著、大月書店、1996年）、『昭和史の事典』（編著、東京堂書店、1995年）、『争点・日本の歴史6　近現代編』（編著、新人物往来社、1992年）、『世界史の中のアジアと日本―アメリカの世界戦略と日本戦後史の視座―』（御茶の水書房、1988年）、『サンフランシスコ講和』（岩波書店、1988年）、『アジア現代史3　1945〜1967』（編著、青木書店、1981年）などがある。

金相権◎元在日本朝鮮学生同盟（1955年在日本朝鮮留学生同盟と改称）中央委員長。
元在日本朝鮮青年同盟中央委員長。
元朝鮮総連中央本部人事部長。

洪祥公◎1963年　金沢大学理学部卒業
1965年　朝鮮大学校理学部で教鞭を執る
1971年　朝鮮大学校理学部生物化学科講座長（〜76年）
現在、宝塚市外国人市民文化交流協会会長。
主な論文に、「アメリカシロヒトリに関する研究・幼虫の体液成分の変化について」（朝鮮大学校学報4、1973年9月）、「ウサギの肝臓表面のボンハン小体について」（日本動物学会関東支部、東京大学大会、1967年4月）、などがある。

金定三◎1965年　法政大学経済学部卒業
1984年　在日本朝鮮人社会・教育研究所代表
現在、東北アジア問題研究所理事長。
主な著書に、『東北アジアの動向と日本外交』（共著、悠々社、1997年）、『方法論としてのヘーゲル哲学』（共著、晩聲社、1995年）、『帰化　上・下』（共編著、晩聲社、1989年）などがある。

西村秀樹◎1975年　慶應義塾大学経済学部卒業、毎日放送入社
現在、毎日放送広報室広報部部長。

日本マスコミュニケーション学会国際交流委員会委員。

主な共著書に、『どうなる南北統一Q&A』（共著、解放出版社、2002年）、『加害と赦し』（共著、現代書館、2001年）、『動き出した朝鮮半島』（共著、日本評論社、2000年）、『メディアの気遣い』（共著、電通、1999年）、『北朝鮮・闇からの生還　第十八富士山丸スパイ事件の真相』（光文社、1997年）、『100人の在日コリアン』（共著、三五館、1997年）、などがある。

主な論文に、「戦慄の北朝鮮収容所・二人だけの生還」（『月刊宝石』1997年8月）、「北朝鮮の刑務所から戻った船長」（『中央公論』1996年12月）などがある。

東北アジア問題研究所
〒530-0022　大阪市北区浪花町13-38 千代田ビル北館8階
FAX：06-6375-3688
出版物
『在日朝鮮人に投影する日本』（法律文化社、1987年）
『帰化』上・下（晩聲社、1989年）
『朝鮮統一』（晩聲社、1991年）
『在日朝鮮人』（晩聲社、1993年）
『自然環境』（晩聲社、1993年）
『方法論としてのヘーゲル哲学』（晩聲社、1995年）
『東北アジアの動向と日本外交』（悠々社、1997年）

在日朝鮮人はなぜ帰国したのか　在日と北朝鮮50年

2004年2月2日　第1版第1刷

監　修　小此木政夫
編　　　東北アジア問題研究所

発行人　成澤壽信
編集人　木村暢恵

発行所　株式会社現代人文社
〒160-0016東京都新宿区信濃町20佐藤ビル201
TEL03-5379-0307（代表）　FAX03-5379-5388
E-mail　daihyo@genjin.jp（代表）
hanbai@genjin.jp（販売）
URL　http://www.genjin.jp
振　替　00130-3-52366

装幀・本文レイアウト　川上 修（サイラス）

発売所　大学図書
印刷所　モリモト印刷株式会社

検印省略　Printed in Japan
ISBN4-87798-186-1 C0036